ça va changer avec vous !

Agent & Conseil littéraire

Isabelle Martin Bouisset → conseil-imb.fr

ISBN : 978-2-4120-5082-8
Dépôt légal : octobre 2019
Imprimé en Espagne

Photographie de couverture : © Catherine Delahaye
Couverture, maquette et illustrations : yay • graphisme
Correction : Le champ rond

Éditions First, un département d'Édi8
12, avenue d'Italie
75013 Paris – France
Tel. : 01 44 16 09 00
Fax : 01 44 16 09 01
E-mail → firstinfo@efirst.com
Site Internet → editionsfirst.fr

365 actions pour avancer

ça va changer avec vous !

il est temps d'être écolos et fiers de l'être

50 pages d'outils détachables pour agir ensemble

Julien Vidal
créateur de ça commence par moi

yay • graphisme

Yay a réalisé l'identité visuelle de Ça commence par moi (logo, dépliant, site Internet) et a déployé cette identité dans ce livre-outil.

Dans son quotidien, outre les projets de graphisme « classique », yay aime créer de la papeterie « utile » pour pousser par l'image, les gens à changer leurs modes de consommation, comme son calendrier des fruits et légumes de saison, imprimé localement, sur du papier recyclé et avec des encres sans solvants.

Yay a rejoint l'aventure CCPM il y a quelques mois pour pouvoir formuler en images les défis de Julien et rendre le changement accessible au plus grand nombre.

Le graphisme au service d'un client, c'est bien, le graphisme au service d'une belle cause, c'est mieux et ce livre concrétise la collaboration CCPM + yay !
Stay tuned, ça va envoyer du pâté (veggie)
→ collectif-yay.com
instagram → @collectif.yay

merci

Remerciements

C'est incroyable à quel point il y a besoin d'un alignement des planètes extraordinaire pour mettre un livre au monde. Il y a besoin d'un sujet en effervescence, d'un éditeur qui y croit, d'une conseillère qui veille au grain et de graphistes qui mettent en forme et en image ce que l'auteur n'avait même pas osé imaginer.

C'est seulement grâce à cette alchimie d'exception que ce livre a pu prendre vie. Un livre d'un genre nouveau qui mêle théorie et pratique et qui apporte une pierre supplémentaire à l'édifice qu'est le monde durable, égalitaire et heureux de demain.

Merci à Laure-Hélène et à son équipe, merci à Isabelle, merci à Loriane et à Fanny. Un autre monde est possible et il sera féminin. J'ai eu la chance de l'entrapercevoir en travaillant à leurs côtés : une énergie extraordinaire, une écoute à toute épreuve et une créativité débordante. Voilà ce qu'elles m'ont offert pendant de longues semaines sans jamais compter leurs efforts.

Et merci à vous qui tenez le fruit de notre travail dans vos mains et qui allez lui donner une nouvelle dimension.

Julien

Sommaire

introduction

Pourquoi agir ?

page 17

Stop aux « oui mais »

page 31

Changer & faire changer

page 51

Mobiliser

page 183

Les outils pour faire vivre le changement autour de soi

à partir de la page 193

- → Les autocollants / Stop pub
- → Les autocollants / Le kit à prêter des écoloHumanistes
- → La lettre Plastic Attack
- → Le Pacte pour la transition pour les élus de votre ville
- → La lettre des Cantines vertes pour votre maire
- → Affiche / Mémo du tri
- → Affiche / Compostage collectif
- → Livret de consignes pour organiser un atelier Quiz
- → Les fiches Quiz
  • Maison • Alimentation • Shopping • Loisirs • Bien-être • Technologie
  • Transports • Travail • Société
- → Affiche / Calendrier des fruits et légumes de saison
- → Affiche / Boîte à lire
- → Tuto / Fabriquer un nichoir à abeilles solitaires
- → Tuto / Fabriquer un hôtel à insectes
- → Tuto / Fabriquer une table de chevet en carton
- → Cartes postales pour essaimer le changement

CE QUE CE LIVRE EST :

Un résumé concis du bilan de notre société et de ses perspectives au niveau écologique et social

Une collection ambitieuse d'initiatives individuelles et collectives pour saisir l'immense champ des alternatives à notre portée

Un guide pour vous accompagner dans l'expérimentation du changement dans votre quotidien dès aujourd'hui, simplement et dans la joie

Une opportunité de changer vos habitudes et de proposer à ceux qui vous entourent de se mettre en mouvement, dans la bienveillance et le respect

Pour être sur la même longueur d'ondes...

CE QUE CE LIVRE N'EST PAS :

Une encyclopédie exhaustive du changement écocitoyen

Une promesse optimiste que tout va bien se passer quoi que nous fassions même si nous ne changeons pas radicalement nos habitudes et notre société

Une lecture pour vous donner bonne conscience et continuer à vivre (presque) comme si de rien n'était

Une preuve que vous possédez la vérité absolue

CE QUI A COMMENCÉ PAR MOI…

- La compréhension des enjeux sociaux et écologiques
- L'acceptation du caractère catastrophique de la situation actuelle
- La prise en considération de mes responsabilités dans la course du monde
- La présentation de nos efforts à venir comme une opportunité plutôt que comme une menace
- La classification des alternatives écocitoyennes avec rigueur

… ET CE QUI VA CHANGER AVEC VOUS

- La normalisation des sujets écologiques dans la société
- L'opportunité d'exprimer sa sensibilité et ses talents dans la construction de la société de demain
- La preuve de notre immense marge de manœuvre et que notre rôle d'écocitoyen n'est pas seulement celui d'un consommateur/destructeur mais aussi d'un créateur/régénérateur
- La valorisation des valeurs de respect du Vivant dans chacune des sphères de notre quotidien

Petit message avant de vous lancer

Chères lectrices et chers lecteurs, si vous trouvez que certains sujets sont parfois traités trop succinctement, ne m'en voulez pas, l'ambition de ce livre est de donner envie de changer et de faire changer, pas de vous accompagner sur l'entièreté de votre chemin d'écocitoyen. Pour comprendre en profondeur chacun des sujets et aller plus loin dans le détail de chaque action, je vous invite à vous rendre sur

cacommenceparmoi.org

Ça commence par ces quelques mots...

Si vous tenez ce livre entre vos mains, c'est que vous, ou quelqu'un de votre entourage, êtes sensible aux questions environnementales. Si vous lisez cette introduction, c'est que vous avez envie d'y voir plus clair, de comprendre ce qui se joue et sans doute de vivre en cohérence au jour le jour, en troquant certaines de vos anciennes habitudes pour des alternatives écocitoyennes.

Et rien que pour cette prise de conscience, je commence par vous dire : BRAVO !

De la difficulté d'être écolo

Je sais à quel point il est difficile d'être à votre place : les obstacles à franchir pour maintenir vivace cette volonté d'agir, de participer à la construction d'un monde meilleur et de s'accrocher coûte que coûte, sont nombreux.

Ce livre a ainsi pour objectif de vous fournir les clés qui vous permettront de répondre à tous ceux qui tenteront de vous mettre des bâtons dans les roues.

Pourtant, les choses bougent petit à petit. Les boutiques proposant des articles écoresponsables, éthiques et produits localement fleurissent dans presque toutes les villes de France. De plus en plus d'entreprises se mettent en mouvement et adaptent leurs offres. Certaines villes prennent des décisions fortes pour que chacun puisse vivre durablement. Les médias se font l'écho de cette tendance, faisant résonner l'appel devenu célèbre d'Aurélien Barrau : « On ne peut pas continuer à faire comme si la pensée écologiste était l'apanage de doux dingues, et comme si le dogme d'une croissance immodérée était l'apanage des gens sérieux. C'est exactement l'inverse... Aujourd'hui, prôner une croissance continue revient exactement à dire : "On est face au gouffre, accélérons." On ne peut pas continuer comme ça. »

DEPUIS QUELQUES ANNÉES, LE VENT EST EN TRAIN DE TOURNER.

Attention toutefois à ne pas confondre vitesse et précipitation. Faire sortir de terre le monde de demain pour s'extraire de l'ancien monde de la surconsommation n'est pas un sprint, mais un marathon. Ce dont le monde de demain a besoin, c'est de plus de présomption d'intelligence. Si les défis qui nous attendent sont expliqués sans faux-semblants, je suis persuadé que chacun aura envie de s'en saisir avec ambition. Tous les jours, nous sommes tour à tour membre d'un foyer, utilisateur de services publics, voisin d'un quartier, collaborateur dans une entreprise, étudiant dans une grande école, bénévole dans une association, etc., autant d'espaces qui nous permettent d'agir à plusieurs niveaux, en proposant, arbitrant, refusant, construisant, dénonçant, s'engageant... seul ou avec d'autres, chaque niveau d'action apportant plus de profondeur et de crédibilité aux précédents.

De l'urgence de prendre soin de la planète...

Ce livre s'adresse à tous ceux qui veulent aller plus loin dans leurs parcours (d'acteurs) écocitoyens, tout en comprenant mieux sa nécessité. Les pages qui suivent vous donneront une vision globale, claire, étayée des différents enjeux et tenteront de dessiner un tableau précis des échelles à saisir pour positionner le rôle que chacun peut jouer. Même si la situation peut paraître écrasante et désespérée, notre planète mérite tous les efforts que nous pourrons faire dans les prochaines décennies pour préserver au mieux sa beauté et sa fragilité.

« MOINS DE BIENS, PLUS DE LIENS. »

... des autres...

À partir de cette prise de recul, un cercle vertueux se mettra en place, puisque se soucier de la planète va dans le même sens que respecter les autres êtres humains. « Moins de biens, plus de liens », comme le dit la formule. En réorientant notre vie, notre manière de nous déplacer, de consommer ou encore de nous divertir, nous avons l'opportunité de laisser plus de place à l'Autre pour qu'il vive dignement, que ce soit dans nos villes ou à l'autre bout de la planète. En redonnant aux choses qui nous entourent un juste prix, il est possible de revaloriser ce qui a vraiment de la valeur et de participer à la distribution équitable des richesses.

... et de nous-mêmes !

Plus encore, toute cette démarche nous est bénéfique à chacune et à chacun individuellement, puisque prendre soin du Vivant dans sa globalité nous permet de prendre soin de nous-mêmes.

Une quête profonde de sens et de bonheur qui doit reprendre une place centrale dans notre vie. Le bonheur de dire stop au gâchis et à la surconsommation. Le bonheur de contrôler son impact sur les écosystèmes. Le bonheur de croquer la vie à pleines dents, en osant être celle ou celui que nous souhaitons vraiment être. Le bonheur d'être fier de nos talents, de nos passions et heureux du temps que nous passons avec ceux qui nous entourent.

De la puissance d'une certitude : ça va changer grâce à nous !

Oublions le stress, la frustration et la colère. Je vois tant de gens qui se prennent les pieds dans le tapis du changement et se malmènent en passant plus de temps à voir ce qu'ils font « mal » qu'à se féliciter des premiers changements déjà mis en place !

Retrouvons notre capacité à créer, à régénérer, à donner. Recommençons à croire en notre pouvoir de guérir, de soigner. Ne nous laissons pas réduire à l'image nocive de l'humanité – qui détruit, annihile, extermine – que nous renvoie l'urgence. Valorisons notre capacité à recréer du lien social, à protéger la nature, à redynamiser les écosystèmes. Soyons enfin fiers d'être écolos et rayonnons autour de nous, afin de faire grandir les rangs de cette communauté écocitoyenne en pleine ébullition.

Car ce qui est sûr, c'est que si ça commence par chacun d'entre nous, c'est ensemble que le changement va vraiment opérer.

« NOTRE MAISON BRÛLE ET NOUS REGARDONS AILLEURS. »

Presque tout le monde connaît cette phrase. C'était en 2002, dans un discours de Jacques Chirac prononcé au Sommet de la Terre. Et depuis ? Qu'avons-nous fait à l'échelle de la planète pour éteindre le feu ?

Aujourd'hui, la métaphore minimiserait presque les enjeux tant la situation semble désormais désespérée. Est-il déjà trop tard ou est-il encore temps de sauver les meubles ? Certains nous garantissent qu'il nous reste 2, 5, 10, 20 ans pour changer le monde. Rêvent-ils quand d'autres nous certifient qu'il serait plus réaliste d'envisager des stratégies de survie plutôt que de transition ? Qui a raison ? Je vous propose un rapide survol des enjeux écologiques, sociaux et individuels pour que vous commenciez à vous faire votre propre idée.

Pourquoi agir ?

Bilan réaliste de la situation actuelle et de l'ampleur de la tâche

Agir pour les écosystèmes

La fragilité de notre belle planète bleue nous saute aux yeux, à mesure que nous puisons de manière illimitée ses réserves limitées et aujourd'hui presque épuisées...

Les limites planétaires sont en train d'être dépassées

L'équilibre du « système Terre » est complexe et fragile. Des scientifiques ont isolé 9 processus qui, s'ils ne sont pas respectés, mettent en péril la stabilité et la résilience du système terrestre. Des seuils sont définis pour chacun d'entre eux et leur dépassement remet en cause la stabilité des conditions d'existence dont dépendent nos sociétés. Et malheureusement, nous avons déjà atteint trois limites alors que deux autres sont sur le point d'être dépassées.

3 LIMITES SUR 9 DÉJÀ ATTEINTES !

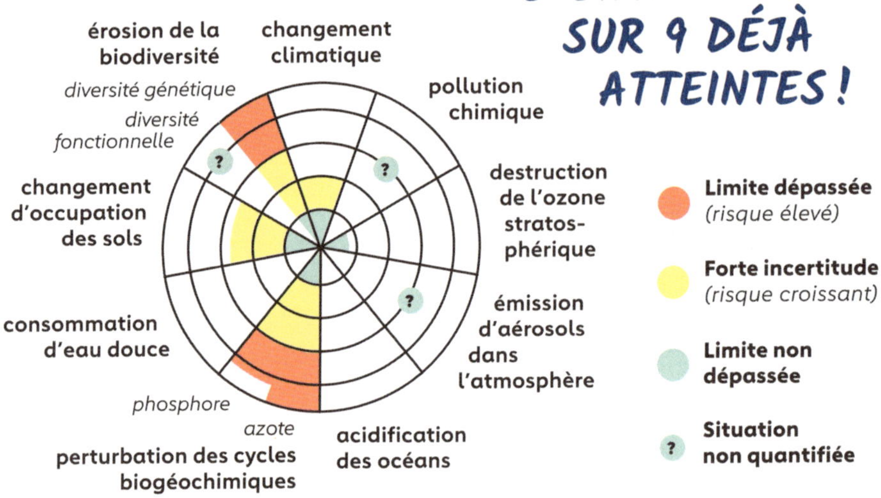

D'après W. Steffen et ses collègues, Science • 2015

Un triste record de température a été battu

On entend souvent parler des émissions de CO_2 pour illustrer le dérèglement climatique et l'impact de notre société sur l'environnement. Concrètement, qu'en est-il ?

D'après le Groupe d'experts intergouvernemental sur l'évolution du climat (Giec), l'objectif est simple : les émissions nettes de CO_2 doivent atteindre zéro à l'horizon 2050 si on veut contenir l'augmentation de la température en-dessous de 1,5 °C. Autrement dit, la quantité de CO_2 entrant dans l'atmosphère doit être égale à la quantité de CO_2 absorbée par les puits naturels ou technologiques. C'est le seul moyen de limiter les dégâts du changement climatique et leur impact sur les écosystèmes et les sociétés humaines.

Les chiffres qui font peur

Les concentrations mondiales moyennes de dioxyde de carbone (CO_2), qui constituent à peu près 70 % des émissions, ont atteint 405,5 parties par million (ppm) en 2017. À titre de comparaison, à l'époque préindustrielle (en 1750), la teneur moyenne en dioxyde de carbone de l'atmosphère terrestre était d'environ 278 ppm, soit une hausse de 46 % en un peu plus de 250 ans.

Évolution de la température de la planète depuis 40 000 ans

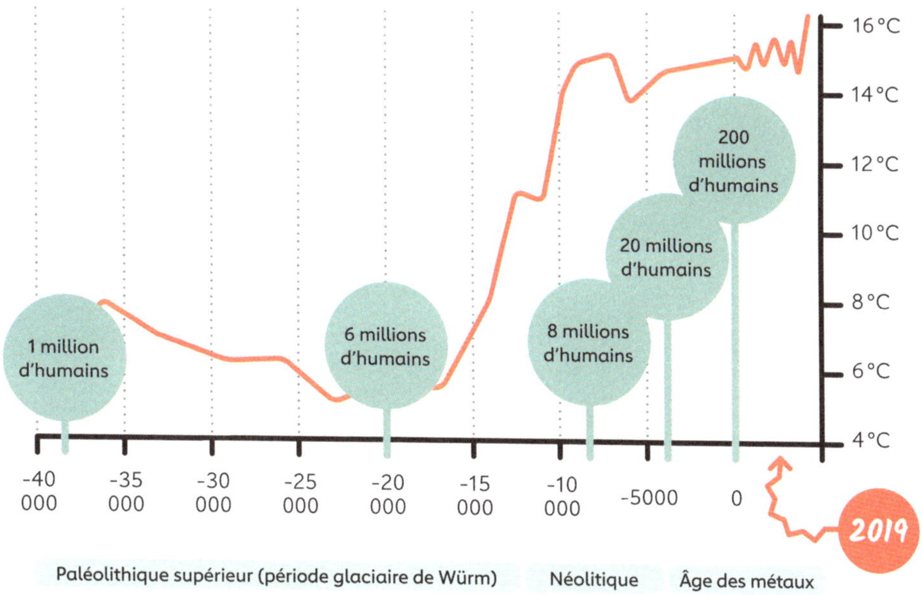

Université de Californie

comprendre

La sixième extinction des espèces a débuté

Or, contrairement aux précédentes extinctions massives, c'est la première fois que l'être humain est responsable de cette catastrophe. Car si depuis 130 000 ans, plus de 2,5 millions d'espèces ont été rayées de la surface de la planète, 500 000 l'ont été dans les seules 1 500 dernières années, selon une étude parue en 2018 dans la revue *PNAS*. Au rythme auquel vont les extinctions, il faudrait de 5 à 7 millions d'années pour restaurer la biodiversité et revenir au foisonnement de l'ère pré-anthropocène. Pour l'instant, la destruction causée par les *Homo sapiens* que nous sommes est bien trop rapide pour être compensée.

NOUS N'AVONS PLUS UNE SECONDE À PERDRE...

Et si l'on en croit l'ONU, sur les 8 millions d'espèces végétales et animales présentes sur Terre, entre 500 000 et 1 million pourraient disparaître dans les prochaines décennies.

Des perspectives proprement horrifiques quand on sait que l'être humain ne représente que 0,01 % de la masse du vivant sur la planète.

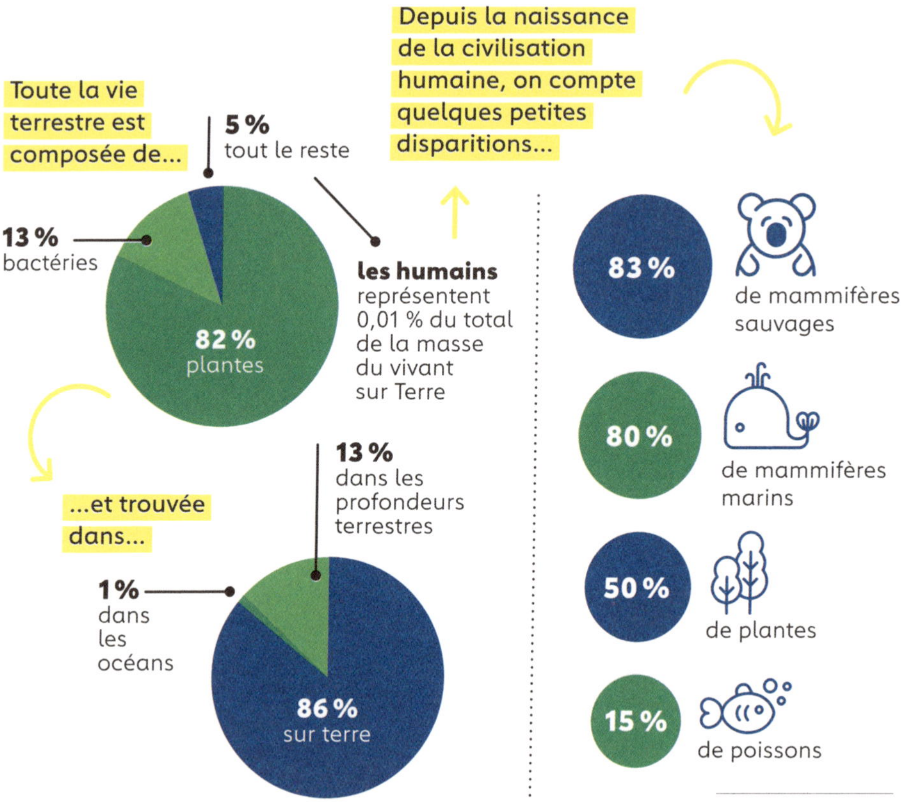

The Guardian • 2018

REMETTONS LE VIVANT AU CŒUR DE TOUT

Agir pour notre société

Toujours plus de richesses mais toujours plus d'inégalités. Et si nous profitions de l'urgence écologique pour répondre aux dysfonctionnements de notre société ?

La civilisation industrielle est en bout de course

Des précédents dans l'Histoire

Une étude commandée par la Nasa en rajoute d'ailleurs une couche en nous promettant la disparition de notre civilisation industrielle. Si l'exploitation excessive des ressources de la planète est un des facteurs clés de l'équation, les chercheurs ont observé qu'un autre dérèglement se retrouvait dans chaque processus d'effondrement : des inégalités insoutenables entre les plus riches et les plus pauvres de la société. Les empires romain, mésopotamien, gupta, maurya, han ou maya seraient tous tombés progressivement dans le même piège suicidaire.

Les altérations des écosystèmes sont terribles. Si rien n'est fait pour inverser cette dynamique destructrice, l'avenir de l'humanité est compromis. Un constat glaçant et une facture à payer qui auraient pu se comprendre (un peu plus) si ce pillage des ressources naturelles par l'être humain s'était fait au bénéfice de l'avènement d'une société prospère et égalitaire. Malheureusement, il n'en est rien.

Dès 1972, le rapport Meadows mettait en garde contre le danger que représente une croissance économique et démographique exponentielle du point de vue de l'épuisement des ressources (énergie, eau, sols), de la pollution et de la surexploitation des ressources naturelles. L'étude, actualisée et confirmée en 2012, prévoit des effondrements massifs regroupés entre 2020 et 2030.

Jusqu'où peut aller une croissance infinie dans un monde fini ?

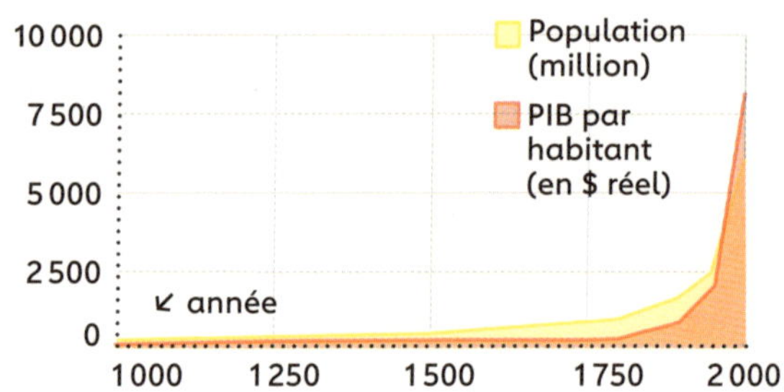

comprendre ↗

Les migrants climatiques vont devenir légion

Les grands bouleversements écologiques en cours et à venir vont avoir un impact grandissant sur les conditions de vie de millions d'êtres humains, partout dans le monde. Mais ce sont les peuples les plus vulnérables qui vont affronter les dérèglements les plus importants.

La fin du siècle s'annonce-t-elle encore plus catastrophique ? Selon une équipe de chercheurs de l'université d'Hawaii, 74 % de la population mondiale sera exposée à des vagues de chaleur potentiellement mortelles d'ici 2100 si les émissions de carbone continuent d'augmenter au rythme actuel !

⟶ Des prévisions ⟶ migratoires ⟶ inquiétantes

Un rapport de la Banque mondiale de mars 2018 prévoit 143 millions de migrants climatiques d'ici à 2050 et l'ONU chiffre même ces futurs déplacements à 1 milliard de personnes sur la même période. Les conséquences directes du changement climatique sont en cause (stress hydrique, vagues de chaleur, baisse des rendements agricoles, manque de nourriture, inondations, cyclones, etc.), sans oublier les conflits qui en découleront.

Les records de températures en France pourraient largement dépasser 50 °C d'ici à 2050

les records observés entre **1950** et **2005**

les records possibles à partir de **2050**

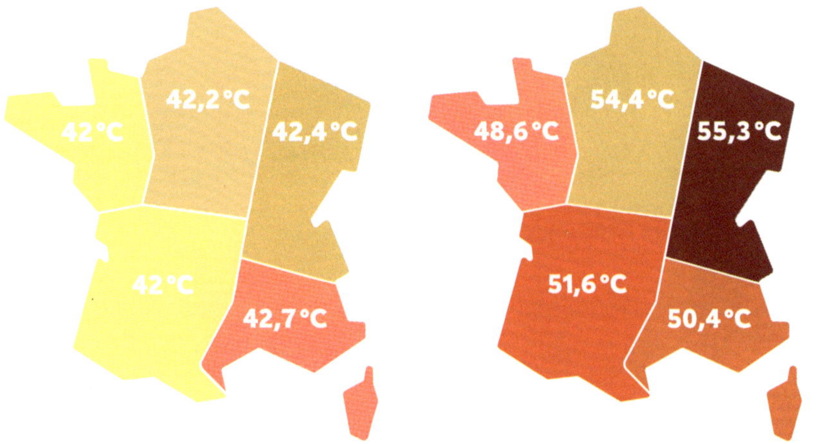

Cerfacs, CNRS, Météo France • 2017

Les chiffres ne mentent pas

La France n'est pas exemptée par cette concentration de richesses, puisque le montant cumulé des 500 plus grandes fortunes de France a été multiplié par trois en dix ans (soit un record de 650 milliards d'euros) et représente ainsi pas loin de 30 % du PIB du pays en 2018, contre 10 % en 2009, après la crise financière.

Les inégalités économiques se creusent

Symbole des dysfonctionnements chroniques de notre époque, les riches concentrent de plus en plus de richesses dans le monde. Selon l'ONG Oxfam, en 2018, 26 personnes les plus riches possédaient autant que les 3,8 milliards de personnes qui composent la moitié la plus pauvre de l'humanité. Malheureusement, cette tendance n'est pas près de s'inverser puisque sur l'année 2018 toujours, la fortune des milliardaires a augmenté de 900 milliards de dollars, soit 2,5 milliards de dollars en plus chaque jour, alors que la richesse de la moitié la plus pauvre de l'humanité n'a fait que diminuer.

Et la redistribution, ce n'est pas pour aujourd'hui puisque l'évasion fiscale constitue un sport à part entière dans notre beau pays.

L'HEURE EST GRAVE...

CHANGEONS

LE SYSTÈME,

PAS LE

CLIMAT

Agir pour chacun d'entre nous

Nous vivons dans un monde de plus en plus instable où nous avons non seulement du mal à trouver notre place mais dans lequel notre qualité de vie est également rognée chaque année un peu plus.

Ça bouge : un manifeste pour des entreprises responsables

En 2018, le manifeste étudiant pour un réveil écologique a été signé par plus de 30 000 étudiants qui refusent de travailler pour des employeurs qui ne respectent pas leurs convictions environnementales
pour-un-reveil-ecologique.fr

Nous sommes en quête de sens

Dans ce contexte hautement anxiogène aux perspectives très incertaines, nous assistons à un chamboulement complet de nos repères ! Alors qu'il y a encore quelques décennies, la stabilité au travail et un pouvoir d'achat fort étaient les étalons d'une vie réussie, aujourd'hui, nous attendons de notre activité professionnelle qu'elle soit porteuse de plus de sens.

En France, c'est à un véritable gâchis de talent auquel nous assistons avec 74% des Français qui aimeraient participer à résoudre un problème de société mais qui ne le font pas.

94 % des Français **ont envie d'agir** et de contribuer à résoudre un sujet de société, **seulement 20 % le font**

15 % des Français qui ont des idées pour agir **n'agissent pas**

1 Français sur 8 souhaiterait **créer** une **entreprise sociale** et **solidaire**

Près de 2/3 **des Français** souhaiteraient **travailler** dans **une entreprise sociale** et **solidaire**

Étude nationale sur le gâchis de talent, Ticket 4 change & le cabinet Occurrence • 2016

L'anxiété et le pessimisme progressent

Vous connaissez la solastalgie ? Si ce n'est pas le cas, vous allez forcément en entendre parler dans les prochaines années. En effet, la solastalgie, aussi appelée écoanxiété, est sans doute le nouveau mal du siècle. Ce trouble se traduit par un sentiment de détresse et de tristesse en voyant son environnement direct se détériorer de manière définitive à cause des bouleversements environnementaux. Si ce phénomène est très ancré aux États-Unis où les risques de catastrophes naturelles sont de plus en plus présents (températures extrêmes, cyclones, inondations ou encore feux de forêts), en France, les personnes concernées qui déclarent souffrir de ce mal restent encore assez minoritaires, même si on assiste à une hausse des publications à ce sujet.

Les jeunes Français sont pessimistes quant à leur avenir

Selon une étude Ipsos/Secours catholique réalisée auprès de jeunes Européens en 2018, ce sont les Français qui voient le plus leur avenir en noir. Ils sont notamment près des $^{2}/_{3}$ à être inquiets qu'une hausse de la précarité puisse les toucher à l'avenir.

Les territoires **« les plus heureux »** au monde

Le top 10 !

1 • Finlande
2 • Danemark
3 • Norvège
4 • Islande
5 • Pays-Bas
6 • Suisse
7 • Canada
8 • Costa Rica
9 • Royaume-Uni
10 • Belgique

À la traîne

n° 24 sur l'échelle du bonheur **la France**

World Happiness Report

L'espérance de vie en bonne santé recule

Une vie vide sens, une vie où l'anxiété et le pessimisme priment et une vie en bonne santé qui est de moins en moins longue... En Europe, la France fait partie des mal classés pour l'espérance de vie en bonne santé (qui est de 64,1 ans chez les femmes et de 62,7 ans chez les hommes). Loin derrière les Suédois (73,3 ans chez les femmes, 73 chez les hommes) alors que l'espérance de vie à la naissance est quasi équivalente dans les deux pays, de l'ordre de 85 ans pour le sexe féminin, 80 pour le sexe masculin.

Pire, on estime désormais qu'à la naissance, l'espérance de vie « en bonne santé » représenterait pour les femmes françaises 74 % de leur vie, alors qu'elle était de 77 % en 2004. Une légère baisse qui suit une longue période de stagnation, comme un signal faible de l'incapacité de notre modèle de société à garantir une qualité de vie stable et pérenne à ses concitoyens.

NOUS PASSONS TROP DE TEMPS À ESSAYER DE GAGNER NOTRE VIE PLUTÔT QUE DE LA VIVRE VRAIMENT...

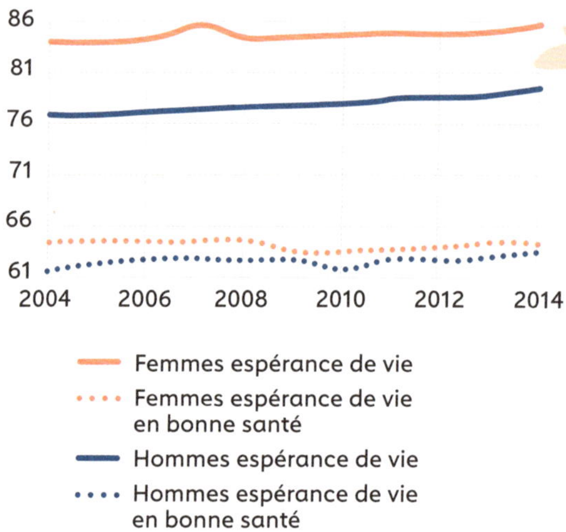

Eurostat, Statistiques sur les années de vie en bonne santé

FAISONS DE

NOTRE QUÊTE

DU BONHEUR

LA PRIORITÉ

Pour avancer ensemble, nous devons répondre à ceux qui préfèrent remettre la faute sur plus gros qu'eux au lieu d'agir.

Je ne compte plus les arguments chocs qui m'ont été opposés pour légitimer une inaction mortifère. Même s'ils mettent le doigt sur de vraies questions, ils aboutissent trop souvent à un déni de responsabilité de la part de ceux qui les utilisent.

Pour ne rien arranger, de peur de nous isoler, nous préférons souvent renoncer à nos valeurs plutôt que d'aller à l'encontre de notre entourage. Combien ont ainsi préféré mettre de côté leurs convictions plutôt que de se fâcher avec leurs proches ?

Pourtant, les transformations éco-citoyennes sont de plus en plus admises et considérées, que ce soit dans les familles, les entreprises ou les groupes d'amis.

Alors, une bonne fois pour toutes, remplaçons les « oui mais » par des « oui et » afin de rassembler, dès aujourd'hui, le maximum de personnes autour de l'expérimentation et de la construction d'un monde respectueux du Vivant.

HIER MOQUÉS, LES UTOPISTES DE LA PREMIÈRE HEURE SONT EN TRAIN DE DEVENIR DES ACTEURS INSPIRANTS.

Stop aux « oui mais »

Comment répondre
aux récalcitrants,
aux sceptiques et aux
ronchons pour mobiliser
son entourage ?

oui mais

être écolo, ça coûte trop cher

L'argument qui revient le plus souvent pour ne pas se « mettre au vert » et transformer ses habitudes est d'ordre économique. Pour beaucoup, consommer de manière écoresponsable est un luxe qui coûte trop cher et n'est donc pas à la portée de toutes les bourses. D'où vient cette excuse, en fait très loin de la réalité ?

« FAIRE SES COURSES DANS UN MAGASIN BIO, C'EST VRAIMENT UN TRUC DE BOBOS QUI GAGNENT 3 000 € PAR MOIS. »

→ Ce qui est vrai

Un magasin proposant des produits bio et locaux affiche effectivement des prix plus élevés que les supermarchés. C'est encore plus vrai dans le cas des produits transformés qui impliquent de rémunérer une main-d'œuvre locale, comme les mousses, les pâtés, les légumes séchés, etc.

→ Ce qui est mal compris

Les Français cuisinent moins et achètent plus de plats préparés de manière industrielle, plus gras, plus salés, plus sucrés. En plus d'être mauvaises pour la santé, ces nouvelles habitudes nous font oublier que notre budget alimentation a été considérablement rogné ces dernières décennies par les politiques désastreuses de la grande distribution. En 50 ans, le budget alimentation d'un Français a été divisé par 2. Nous avons tout simplement oublié le vrai coût d'une nourriture saine et équilibrée.

la citation inspirante

« De nos jours, les gens savent le prix de tout et ne connaissent la valeur de rien. »

Oscar Wilde

→ Ce qu'il faut retenir

Comme nous avons perdu le sens des saisons, notre alimentation ne change pas tout au long de l'année, et se retrouver avec des tomates dans son assiette en plein mois de décembre est habituel alors que le pari gagnant, tant au niveau du goût que de notre porte-monnaie, consiste à respecter le rythme de la nature.

La preuve par l'exemple

Le supermarché coopératif de la Louve

Depuis l'automne 2016, un supermarché pas comme les autres a ouvert dans le nord de Paris : un supermarché coopératif. Inspirée par l'expérience de la Park Slope Food Coop qui fut lancée dans les années 1970 à Brooklyn et qui existe encore aujourd'hui, la Louve est un magasin presque entièrement géré par ses adhérents. Chaque membre doit consacrer au supermarché 3 heures de son temps tous les mois pour effectuer les tâches quotidiennes : nettoyage, réception des livraisons, mise en rayon, caisse, etc.

Une autogestion qui permet de créer un vrai esprit de famille entre les membres qui viennent souvent du quartier et qui donne aussi la possibilité de considérablement réduire les prix des denrées (entre 20 % et 40 % en moins selon les produits) qui sont triées sur le volet selon des critères de respect de l'environnement et des travailleurs très élevés.

Un concept qui marche puisque plus de 5 000 coopérateurs font vivre ce supermarché pas comme les autres qui voit des cousins fleurir partout en France, avec par exemple La Chouette Coop à Toulouse, Superquinquin à Lille, Supercoop à Bordeaux, La Coop des Dômes à Clermont-Ferrand, L'éléfàn à Grenoble, mais aussi en Belgique avec Bees Coop à Bruxelles.

QU'EST-CE QU'ON FAIT ?

- On redonne de la valeur à l'essentiel : l'alimentation, la culture, l'éducation tout en défendant des valeurs de durabilité et d'éthique fortes.
- On fait soi-même pour se réapproprier son pouvoir sur les gestes qui font notre vie.
- En plus de la cuisine maison, on suit le rythme des saisons.
- On achète moins mais mieux en préférant la qualité à la quantité, avec à la clé des objets plus beaux qui durent plus longtemps.
- On préfère la notion d'usage à celle de propriété en empruntant, en partageant, en louant.
- On allonge la durée de vie de ses objets en en prenant soin et en les réparant quand c'est possible.

oui mais

être écolo, ça prend du temps

Surchargés de sollicitations et d'activités, la routine métro-boulot-dodo ne nous laisse que trop peu de temps pour la famille, l'organisation du foyer, les amis, sans parler des loisirs. Dans cette course contre la montre, comment trouver un moment pour s'attaquer à la transformation de nos habitudes en gestes écocitoyens ? Et même si beaucoup d'alternatives sont finalement assez peu chronophages, voire font gagner du temps, sortir la tête hors de l'eau pour bien les assimiler exige une pause dans nos agendas bien remplis.

« T'ES MARRANT TOI MAIS JE COURS TOUTE LA SEMAINE, JE N'AI PAS UNE SECONDE À MOI ALORS LA PLANÈTE, ELLE ATTENDRA. »

→ Ce qui est vrai

Dans nos sociétés où tout s'accélère et où l'efficacité prime, nos agendas saturés de sollicitations ne laissent que très peu de temps pour soi.

→ Ce qui est mal compris

Devenus incapables de tirer parti des espaces de temps libre, effrayés par ce vide possible, nous remplissons nos temps de pause avec des occupations multiples (lire ses e-mails, regarder la télévision, jouer aux jeux vidéo). Il en ressort une impression d'encombrement incontrôlable, le sentiment de ne plus avoir une minute à soi. En prenant un peu de recul, il s'avère que nous avons plus de temps à notre disposition que ce que nous croyons.

la citation inspirante

« Ce qui remplit votre temps n'est pas forcément ce qui comble votre vie. »

Gilles Legardinier

→ Ce qu'il faut retenir

Très souvent, cette impression de ne pas avoir une minute à soi cache une organisation à revoir, des choix contre-productifs ou des priorités mal définies. Vaut-il mieux être coincé 30 minutes dans sa voiture au milieu des bouchons pour aller au travail que passer 45 minutes dans les transports en commun avec un bon bouquin ? Sommes-nous obligés de regarder un film à la télévision le soir ou pouvons-nous aussi organiser un temps d'échange avec la famille ou des amis, pour changer de routine, faire des produits de beauté, passer un bon moment ?

La preuve par l'exemple

La fable du pêcheur

Dans un petit village de pêcheurs, un bateau rentre au port, ramenant plusieurs beaux poissons. L'homme d'affaires complimente le pêcheur sur ses prises et lui demande combien de temps il lui a fallu pour les capturer :
— Pas très longtemps, répond le pêcheur.
— Pourquoi n'êtes-vous pas resté en mer plus longtemps pour en attraper plus ? demande l'homme d'affaires.
Le pêcheur répond que ces quelques poissons suffiront à subvenir aux besoins de sa famille.
L'homme d'affaires, choqué, demande au pêcheur ce qu'il fait le reste du temps.
— Je fais la grasse matinée, je me promène avec ma famille. Le soir, je joue aux cartes avec mes amis.
L'homme d'affaires l'interrompt :
— C'est dommage. Vous devriez pêcher plus longtemps. Avec les bénéfices, vous achèterez un plus gros bateau, puis un deuxième jusqu'à ce que vous possédiez une flotte de chalutiers. Vous pourrez ensuite ouvrir votre propre usine. Vous irez ensuite vivre dans une grande capitale mondiale, d'où vous dirigerez toutes vos affaires.
Le pêcheur demande alors :
— Combien de temps cela prendrait-il ?
— 15 à 20 ans, répond l'homme d'affaires.
— Et après ?
— Après, c'est là que ça devient intéressant, répond le businessman fier de lui. Vous pourrez introduire votre société en bourse et vous gagnerez des millions.
— Des millions ? Mais après ?
— Après, vous pourrez prendre votre retraite, habiter dans un petit village côtier, faire la grasse matinée, vous promener avec votre famille et passer vos soirées avec vos amis.

QU'EST-CE QU'ON FAIT ?

- En moins de 10 minutes, on peut déjà faire beaucoup de choses. Plus de 200 actions écocitoyennes référencées sur *cacommenceparmoi.org* prennent d'ailleurs moins de 10 minutes à être réalisées.

- Gagner du temps, c'est aussi refuser d'en perdre. Quand on sait que les Français passent en moyenne presque 4 heures par jour devant la télévision, on se surprend à rêver à l'extraordinaire marge de manœuvre ainsi offerte.

- Il existe de nombreuses bonnes pratiques dont les effets vous bénéficieront sur le long terme : changer de fournisseur d'électricité, de banque, installer des mitigeurs sur les robinets, etc. Une fois fait, c'est fait ! On respire...

- Et si, finalement, l'important n'était pas de gagner plus mais de vivre mieux ? Calculez vos besoins précis et voyez si vous pouvez réduire votre temps de travail pour diminuer vos impératifs.

oui mais

être écolo, c'est inconfortable

Notre société nous donne pour modèle et nous vend une vie standardisée, confortable, sans soucis. Dans ce contexte, très souvent, la démarche écocitoyenne est perçue comme un renoncement à ces promesses. Ce qui revient à laisser penser que des habitudes plus respectueuses de la planète et soucieuses du bien-être humain seraient une menace pour le progrès et le confort de la vie de chacun… Pour ne pas rester prisonniers de ces idées reçues, il est temps de démêler le vrai du faux.

« MOI, SI C'EST POUR VIVRE DANS UNE CAVERNE ET M'ÉCLAIRER À LA BOUGIE, C'EST PAS LA PEINE. »

→ Ce qui est vrai

Adopter un mode de vie écoresponsable permet de mesurer les progrès de notre époque à l'aune de la dégradation des équilibres naturels. Dès lors, une télévision écran plat de 2 mètres de large, une voiture qui se gare toute seule ou un frigo qui parle apparaissent effectivement assez superflus. Des alternatives durables dans nos choix de vie, synonymes de produits plus sobres, sont, en général, en contradiction avec les innovations technologiques actuelles qui viennent, soit disant, améliorer notre qualité de vie.

→ Ce qui est mal compris

Le monde change très vite et même l'ONU appelle à modifier drastiquement nos modes de vie dans les prochaines années. Certes, c'est aujourd'hui un effort, mais si nous ne le faisons pas, dans quelques années, l'effort qui nous sera demandé sera bien plus important et plus contraignant.

la citation inspirante

« Mieux vaut prendre le changement par la main avant qu'il ne nous prenne par la gorge. »

Churchill

→ Ce qu'il faut retenir

Notre société a le pied appuyé sur l'accélérateur de la croissance avec comme autoroute le progrès ! Mais finalement à quoi sert l'innovation si elle n'est pas capable de préserver notre milieu, ni de permettre à tous de vivre décemment ? Ne voyons pas la simplicité volontaire comme un retour en arrière subi, mais plutôt comme un retour à l'essentiel nécessaire.

La preuve par l'exemple

La recette du bonheur selon Harvard

Pendant 75 ans, des scientifiques de l'université de Harvard se sont penchés sur la recette du bonheur en analysant le quotidien de plus de 700 hommes. Au terme de cette étude, fin 2015, les chercheurs ont constaté qu'avoir de bonnes relations était la donnée prédominante pour être heureux et pouvaient même assurer que ni la richesse ni la célébrité ne suffisaient à faire le bonheur de quelqu'un.

Les trois quarts de siècle pendant lesquels s'est déroulée cette étude ont également permis de mesurer combien, concrètement, la solitude pouvait tuer. En effet, l'expérience montre que les personnes isolées sont moins heureuses et que leur état de santé décline en milieu de vie, tout comme leurs capacités cognitives. Les personnes seules mourraient plus jeunes.

Une autre conclusion intéressante est que, pour être heureux, mieux vaut préférer la qualité à la quantité. Des relations excellentes avec peu de personnes sont bien meilleures pour l'être humain que de papillonner sans vraiment créer de liens forts. Bénéfiques pour le corps, les relations sont également positives... pour le cerveau ! Une personne investie dans une relation stable aurait les idées claires plus longtemps.

QU'EST-CE QU'ON FAIT ?

- On décide de ne plus lier son existence aux possessions acquises et on explore qui nous sommes réellement, nos talents, nos joies, nos passions...
- On sort du consumérisme d'accumulation impersonnel en ne gardant que des objets qui durent et auxquels on est vraiment attaché.
- Avant de s'attaquer à des sujets qui ne nous plaisent pas et nous contraignent inutilement, on pense à lier sa démarche écocitoyenne naissante à des thématiques qui nous passionnent, à nos hobbies, pour progresser tout en prenant du plaisir.
- En consommant des produits de bonne qualité, en adoptant un style de vie sain et heureux qui permet d'allonger l'espérance de vie en bonne santé, on gagne au change sur tous les tableaux.

oui mais

être écolo, c'est s'isoler socialement

Des décennies d'écologie punitive et culpabilisante n'ont pas facilité la tâche des écocitoyens qui, malgré leur courage lucide, se sont vite retrouvés enfermés dans la case de l'écolo donneur de leçons dont on se moque plus ou moins gentiment. Et si, aujourd'hui, dans un monde qui peut difficilement rester dans le déni, cette envie d'inspirer son entourage devenait un atout ?

argumenter ↘

« AVEC TOI, J'AI L'IMPRESSION QUE JE FAIS TOUT DE TRAVERS ET JE ME SENS PERPÉTUELLEMENT JUGÉ. »

→ Ce qui est vrai

Quand on est un écocitoyen ambitieux et désireux de partager ses dernières trouvailles, il arrive que, malgré soi, l'on soit perçu comme arrogant par son entourage. Ceux qui en sont encore aux prémices de leur engagement se comparant parfois aux vétérans de l'écocitoyenneté, votre action peut les culpabiliser.

→ Ce qui est mal compris

L'honnêteté et la transparence sont des alliés précieux pour inspirer son entourage. En effet, afficher ses progrès sans reconnaître ses tâtonnements, en mettant ses erreurs et ses petits travers sous le tapis, ne permet pas d'illustrer la marge de progression possible. Alors qu'en montrant que l'imperfection ne peut pas légitimer l'inaction, chacun se retrouve face à sa propre responsabilité : celle de faire du mieux qu'il peut, dès aujourd'hui.

la citation inspirante

« C'est notre regard qui enferme souvent les autres… et c'est notre regard aussi qui peut les libérer. »
Amin Maalouf

→ Ce qu'il faut retenir

Remarquer et souligner tout ce que l'on voit de positif chez ceux qui nous accompagnent au quotidien est un levier extraordinaire pour accélérer le changement. Saluer une petite victoire, noter un effort sur le point de payer, partager une réflexion à développer… tout est bon à prendre et un encouragement ne fait jamais de mal. Surtout que vous aussi vous êtes passé par là et savez combien il est essentiel d'être soutenu pour pousser plus loin sa démarche.

La preuve par l'exemple

Mon parcours

Pour une fois dans cette rubrique, je vais prendre mon propre exemple ! Depuis que je me suis lancé dans la démarche Ça commence par moi, je me suis juré que je ne ferai plus jamais le « rabat-joie » de service et éviterais de faire quelque remarque que ce soit à qui que ce soit.

Dire ce qu'on fait, oui, mais à condition de faire ce qu'on dit. Et figurez-vous que cette « pédagogie » marche au-delà de toute attente. Je n'ai jamais autant suscité de changements autour de moi que depuis que j'ai arrêté de faire la leçon aux autres sans agir de mon côté. Les victoires s'enchaînent dans ma famille : mon frère est passé chez Enercoop ; pour les anniversaires et Noël, la famille ne s'offre désormais que des cadeaux immatériels ; mes parents ont installé un compost dans le jardin et les bouteilles en plastique ont disparu de leur quotidien.

Plus largement, l'aventure personnelle dont j'ai témoigné sur le site Internet *cacommenceparmoi.org* a eu un écho auquel, je l'avoue, je n'étais absolument pas préparé. Voir le compteur afficher 100 000 visites la première année puis dépasser la barre du million en 2018 a été une vraie révélation. Je ne peux que l'interpréter en me disant que chacun, à son échelle, peut avoir un impact positif loin d'être négligeable sur les autres.

QU'EST-CE QU'ON FAIT ?

- L'écologie est l'urgence de notre siècle et en parler ne tient plus du gros mot. La pétition de l'Affaire du siècle a récolté un succès inédit en France avec 2 millions de signataires (*laffairedusiecle.net*). Preuve que signer des pétitions est loin d'être un acte anodin.

- Une discussion, ce sont deux personnes qui s'écoutent, ça ne marchera pas si vous voulez absolument « gagner ».

- L'exemplarité est sans doute la manière la plus efficace pour donner envie à son entourage de s'y mettre. Que nous le voulions ou non, nous avons tous un pouvoir d'influence déterminant sur ceux qui partagent notre quotidien.

- Ne vous sentez pas obligé d'étiqueter chacune de vos bonnes pratiques comme étant « écoresponsable ». Un sandwich aux falafels est un régal avant d'être un plat végétarien !

oui mais

être écolo, c'est trop compliqué

Si construire le monde de demain et mettre un terme aux dérives de nos sociétés étaient des choses faciles à mettre en œuvre, ça se saurait. Et d'ailleurs, les mutations et changements attendus auraient été réalisés depuis longtemps. Pourtant, certains, de plus en plus nombreux, ont réussi à changer drastiquement leurs habitudes et à s'y atteler avec entrain. Alors, est-ce finalement si compliqué d'aller vers plus d'écocitoyenneté ?

« FORÇAGE RADIATIF, PERMAFROST, ÉCONOMIE CIRCULAIRE, EFFET REBOND... LES QUESTIONS ENVIRONNEMENTALES SONT RÉSERVÉES À DES EXPERTS. »

→ Ce qui est vrai

S'intéresser à l'état du monde pousse à se confronter à des sujets nouveaux et complexes. D'autant que les problématiques actuelles sont étroitement liées les unes avec les autres, ce qui nous oblige à adopter une vue d'ensemble. Comprendre le fonctionnement du « système Terre » demande de s'intéresser aux sciences avec leur lot de concepts et de notions à intégrer. Ce n'est pas simple mais c'est passionnant. Discerner les bonnes alternatives pour répondre aux constats sur l'état de notre monde ne se fait qu'à ce prix.

→ Ce qui est mal compris

Parce que vous débutez à peine dans un nouveau domaine, vous n'allez pas tout comprendre immédiatement. Comme pour une nouvelle langue, vous allez d'abord vous attaquer aux bases, aux concepts les plus simples qui vous permettront de vous familiariser avec le sujet pour ensuite pousser plus loin le niveau de complexité.

la citation inspirante

« On ne peut rien apprendre aux gens. On peut seulement les aider à découvrir qu'ils possèdent déjà en eux tout ce qui est à apprendre. »
Galilée

→ Ce qu'il faut retenir

Conscients que ces thématiques ne sont pas toujours très « sexy » pour le grand public (c'est-à-dire nous tous) et qu'une synthèse accessible n'est pas simple, de nombreux vulgarisateurs proposent des présentations ludiques et parlantes pour s'initier à la compréhension de l'état du monde. C'est le cas des chaînes Youtube La Barbe, Le Professeur Feuillage, Partager c'est sympa, mais aussi des journalistes comme Anne-Sophie Novel ou Laurie Debove.

La preuve par l'exemple

Le Netflix écolo

La volonté de nous aider à mieux comprendre les enjeux de la transition écologique a inspiré à Felipe et Nicolas la création de Imago TV, première plateforme vidéo entièrement dédiée aux vidéastes engagés sur le thème de la transition personnelle et tout ce qui a trait au changement de notre société.

Analyse critique et bienveillante des modèles dominants ou mise en lumière des modèles alternatifs, la plateforme met à disposition de tous les informations utiles pour que chacun puisse identifier et comprendre son rôle dans la construction de la société de demain.

Véritable « Netflix de la transition écologique », Imago TV est complètement gratuite et propose des documentaires, web séries, émissions, podcasts et courts-métrages traitant de la transition écologique. Le choix est très large puisque vous pouvez aussi bien y trouver des épisodes de « Nus & Culottés » que des enquêtes « Cash investigation » ou des documentaires comme *Home* ou *Cowspiracy*. Constamment mise à jour avec de nouveaux contenus, le tout sans pub, en accès libre, et dans le respect des ayants droit, la plateforme garantit le sérieux des contenus : les créateurs-contributeurs doivent en effet adhérer à une charte éthique attestant que leurs productions sont effectivement soumises à un système de *fact checking*.

QU'EST-CE QU'ON FAIT ?

- On y va pas à pas en trouvant les supports pédagogiques les plus appropriés pour nos facultés d'apprentissage (films, podcasts, livres, magazines, etc.).

- On s'abonne à des newsletters du changement qui nous permettent de découvrir de nouveaux enjeux et d'avoir des informations inspirantes régulièrement.

- Il existe aujourd'hui une proposition toujours plus large et pointue de conférences et d'ateliers qui couvrent tous les sujets écocitoyens. Il suffit de se rapprocher de mouvements comme Up Conférences, Makesense ou de lieux inspirants à proximité de chez soi pour échanger et se former sur le long terme.

- N'ayons plus peur de lancer le débat. Parler de ces sujets avec notre entourage nous permettra d'affiner nos arguments et de grandir grâce aux idées et expériences d'autres personnes.

oui mais

être écolo, c'est jouer au sauveur

Un nouveau typhon qui frappe les îles d'un pays perdu au milieu de l'océan Pacifique, les ours polaires qui meurent de faim dans la zone du cercle Arctique, la Grande Barrière de corail qui meurt au large de l'Australie, autant d'images que nous avons tous vues et qui alimentent régulièrement les unes des journaux télévisés. Pourtant, ces catastrophes en cascade ne suscitent plus d'émotion dans notre pays. Comment expliquer un tel écart entre l'urgence de la situation et notre indifférence ?

« NOUS, EN EUROPE, NOUS NE SERONS QUE TRÈS PEU TOUCHÉS PAR LE DÉRÈGLEMENT CLIMATIQUE DANS LES PROCHAINES DÉCENNIES. »

→ Ce qui est vrai

Il est certain que la majorité des 300 millions de personnes affectées chaque année par le dérèglement climatique sont situées en Asie et en Afrique, continents les plus impactés par la hausse des températures, la recrudescence des catastrophes climatiques, les conflits armés liés au manque de ressources, la propagation des maladies, le stress hydrique, etc.

→ Ce qui est mal compris

Dire que le dérèglement climatique ne sévit qu'à l'autre bout de la planète est une erreur. Avec des températures qui grimpent aujourd'hui de 1,5 °C dans nos régions, les surfaces qui partiront en flammes pourraient augmenter de 40 % dans la région méditerranéenne. Selon les climatologues, le thermomètre pourrait dépasser les 50 °C localement en France en 2050 lors des périodes de canicule.

la citation inspirante

« Il n'y a pas de passagers sur le vaisseau Terre. Nous sommes tous des membres de l'équipage. »
Herbert Marshall McLuhan

→ Ce qu'il faut retenir

Si vous pensez que nous allons devoir « seulement » nous adapter à la crise climatique, détrompez-vous. Le dérèglement des températures va également entraîner une pression migratoire mondiale inédite. L'ONU prévoit 250 millions de réfugiés climatiques dans le monde en 2050 (d'autres rapports parlent d'un milliard de migrants) qui viendront rejoindre, entre autres, les pays européens relativement épargnés par ces bouleversements.

La preuve par l'exemple

Plus près de nous, le réchauffement est là !

« C'est une triste chose de songer que la nature parle et que le genre humain ne l'écoute pas », disait Victor Hugo. De l'autre côté du globe comme chez nous, nos habitats sont menacés. Le temps de plusieurs villes proches de nous est compté. C'est le cas de Venise, que les experts de l'Unesco annoncent noyée pour toujours. La question n'est plus de savoir si cette disparition arrivera, mais d'anticiper quand : le réchauffement climatique couplé à l'affaissement des sols rend le phénomène de submersion inéluctable.

Alors que les autorités pensaient avoir réussi à stabiliser le phénomène dans les années 2000, les prévisions anticipent un enfoncement de 8 cm d'ici à 2040. Et aux cycles naturels s'ajoutent les conséquences de la crise climatique. Selon les calculs du Groupe d'experts intergouvernemental sur l'évolution du climat (Giec), la mer gagnera au moins 17 à 31 cm en cinquante ans (entre 2046 et 2065) et 26 à 55 cm en cent ans (entre 2081 et 2100).

De l'autre côté de l'Atlantique, Miami et ses 430 000 habitants sont en première ligne face à la montée des eaux. C'est une affaire de quelques décennies, assurent les scientifiques. La ville de New York est aussi menacée et, dans le pire des scénarios, la Grosse Pomme pourrait ne plus être habitable dès 2085.

QU'EST-CE QU'ON FAIT ?

- On prend conscience de sa responsabilité face à ces bouleversements qui concernent déjà des millions de personnes.
- On part vivre à l'étranger plusieurs mois pour aider ceux qui souffrent directement de la recrudescence des catastrophes naturelles.
- On se renseigne. Deux sénateurs ont publié un rapport qui montre que la France n'est pas du tout préparée au choc climatique (« Adapter la France aux dérèglements climatiques à l'horizon 2050 : urgence déclarée » par Ronan Dantec et Jean-Yves Roux).
- On met au cœur de nos actions la solidarité climatique et le soutien des peuples qui sont le plus touchés, notamment au travers des associations et ONG comme le Groupe énergies renouvelables, environnement et solidarités (Geres).

oui mais

être écolo, c'est refuser l'inéluctable

Les experts alertent sur les risques environnementaux qui menacent les écosystèmes et tristement, depuis 50 ans, nous continuons à faire l'exact opposé de ce que nous devrions faire : extraire toujours plus de ressources et détruire chaque jour d'avantage notre belle planète. Quelle est notre marge de manœuvre ? Notre avenir est-il si compromis ?

« ÇA FAIT 50 ANS QUE NOUS AVONS DÉPASSÉ LES LIMITES TERRESTRES ET PLUS RIEN NE POURRA ÊTRE FAIT POUR REVENIR EN ARRIÈRE. »

→ Ce qui est vrai

En 40 ans, nous avons perdu 60 % des populations d'animaux sauvages sur Terre. Un tableau bien sombre qui se noircit de jour en jour et qui laisse peu d'espoir en ce qui concerne la capacité de l'humanité à prendre les bonnes décisions pour sa survie et la sauvegarde du vivant.

→ Ce qui est mal compris

Sur les 8 millions d'espèces estimées sur la planète, un demi-million à un million d'espèces devraient être menacées d'extinction, dont beaucoup dans les prochaines décennies. Une preuve du foisonnement du vivant, qui, s'il est gravement en danger, donne autant de bonnes raisons de se mobiliser pour préserver ce qui peut encore l'être.

la citation inspirante

«Aujourd'hui, il nous faut surtout éviter l'ingérable et gérer l'inévitable. »

Robert Vautard

→ Ce qu'il faut retenir

Certaines études parues ces dernières années font état, avec étonnement, de la capacité de certains organismes à se régénérer plus rapidement que prévu. C'est par exemple le cas de la Grande Barrière de corail, dont seulement 3 % des récifs suffiraient à irriguer en larves la quasi-totalité de la barrière. Il est donc grand temps de préserver ce qui peut encore l'être !

La preuve par l'exemple

La reconstitution de la couche d'ozone

Depuis les années 1950 et la démocratisation des appareils ménagers, les chlorofluorocarbures (CFC) ont été largement utilisés comme gaz réfrigérant ou comme gaz propulseur dans les aérosols, libérant ainsi dans l'atmosphère des quantités extraordinaires de gaz nocifs pour la couche d'ozone.

Suite à la découverte alarmante du trou dans la couche d'ozone qui, rappelons-le, est indispensable à la vie sur Terre puisqu'elle absorbe les rayonnements ultraviolets du Soleil, les décideurs politiques du monde entier se sont retroussés les manches pour prendre une décision sans précédent. En 1987, le protocole de Montréal a interdit l'usage des principaux produits responsables de ce trou, et les bienfaits de cette interdiction se sont rapidement fait sentir.

Aujourd'hui, un rapport d'experts missionné par les Nations unies montre que, depuis les années 2000, la couche d'ozone s'est reconstituée à un rythme de 1 à 3 % tous les 10 ans. De quoi espérer revenir au niveau des années 1980 dès la décennie 2030, faisant, sans doute, du protocole de Montréal, l'action mondiale en faveur de la protection de l'environnement la plus efficace de l'histoire.

QU'EST-CE QU'ON FAIT ?

- La mise en cohérence individuelle doit aller de pair avec une action collective où les décideurs prennent les mesures nécessaires pour amortir le choc dans les prochaines décennies.

- Il est urgent de boycotter les produits des grandes entreprises (comme Amazon, Total, Starbucks et tant d'autres) qui, non contentes d'organiser le pillage de la planète, planifient les bénéfices qu'elles pourraient tirer d'une augmentation de nos températures de plusieurs degrés. Mais aussi de leur faire assumer les conséquences de leurs destructions et de leurs crimes.

- Ces derniers mois laissent également entrevoir la capacité de la jeunesse du monde entier à accélérer le changement. L'exemple de Greta Thunberg et la vague de grèves pour le climat dans plus de 2 000 villes à travers le monde sont des signes enthousiasmants qui méritent d'être soutenus et suivis.

oui mais

être écolo, c'est inutile

Face à l'ampleur des enjeux et à l'urgence de la situation, il est souvent reproché aux citoyens de ne pas prendre la pleine mesure du défi. Les changements effectués au niveau individuel, adoptés par des groupes isolés, sont jugés assez peu efficaces, voire inutiles. La volonté politique serait le seul moyen de vraiment inverser la tendance...

« L'ACTION INDIVIDUELLE EST UN PIÈGE QUI FOCALISE L'ATTENTION DES CITOYENS SUR DES FAUSSES SOLUTIONS. POUR QUE LE CHANGEMENT OPÈRE VRAIMENT, IL FAUT UNE VOLONTÉ POLITIQUE. »

→ Ce qui est vrai

Les lois de notre pays et de l'Europe encadrent le fonctionnement de notre société et les relations entre les institutions publiques, les entreprises et les individus. Aujourd'hui, ce cadre a pour objectif premier de protéger et de faciliter le libre-échange indépendamment de considérations d'ordre écologique.

→ Ce qui est mal compris

Il est réducteur de présupposer que les citoyens ne peuvent faire qu'une chose à la fois. Tendre vers le zéro déchet ou le végétarisme n'empêche personne de s'impliquer pour transformer sa ville et/ou son pays en s'engageant activement dans la vie démocratique. Au contraire, le souci de cohérence individuelle alimente souvent un besoin d'affirmation collective.

la citation inspirante

« À force de sacrifier l'essentiel pour l'urgent, on finit par oublier l'urgence de l'essentiel. »

Edgar Morin

→ Ce qu'il faut retenir

Ce n'est pas parce qu'une action est individuelle qu'elle n'a pas une portée collective. Que ce soit sur les stratégies des grandes entreprises ou sur la construction des programmes des partis politiques, les citoyens ont un rôle à jouer, autant dans leurs votes que dans l'affirmation de leurs valeurs au travers de leurs actions quotidiennes. Seul le triptyque « citoyens-entreprises-public » peut fonctionner: chaque composante est nécessaire mais insuffisante quand elle est la seule à être activée.

La preuve par l'exemple

L'exemple d'Ecosia

Ecosia est un moteur de recherche allemand et écoresponsable qui se propose de planter un arbre toutes les 45 entrées : il a franchi le cap des 50 millions d'arbres plantés en 2019 !

Ces arbres ont absorbé 2,5 millions de tonnes de CO_2 de notre atmosphère. Pourtant, Ecosia ne possède qu'un nombre d'utilisateurs dérisoire comparé à ses concurrents Google ou Microsoft. Si ce moteur de recherche prenait une part de marché de 10 %, il pourrait planter environ 50 millions d'arbres chaque année rien qu'avec les utilisateurs Français : le fondateur d'Ecosia vise même, à l'échelle de la planète, le milliard d'arbres plantés d'ici 2020.

Aujourd'hui, Ecosia s'engage sur des projets plus militants. L'entreprise allemande a en effet proposé de racheter une forêt en Allemagne qui été menacée de destruction par une entreprise exploitant une mine de charbon. En France, le moteur de recherche commence à soutenir financièrement des fermes qui restaurent les écosystèmes en appliquant des techniques d'agroécologie et de permaculture.

QU'EST-CE QU'ON FAIT ?

- On ne confond pas vitesse et précipitation. Comme aime le répéter Satish Kumar, activiste indien promoteur de la simplicité volontaire qui dirige le Schumacher College à Totnes au Royaume-Uni : « Il faut se hâter lentement. »

- Le changement individuel peut être l'accélérateur de changements économiques et politiques apparemment hors de portée. C'est ce qui est en train de se passer avec le *Flygskam*, la « honte de prendre l'avion » en suédois, qui donne un second souffle au transport ferroviaire dans le pays.

- On n'hésite pas à faire entendre nos voix, que ça soit en refusant certains produits destructeurs des écosystèmes, en félicitant une mesure politique ambitieuse ou en marchant dans la rue pour défendre les valeurs qui nous sont chères.

oui mais

être écolo, c'est être techno-sceptique

Temps de crise oblige, les utopies technologiques sont de plus en plus à la mode dans le débat public. En effet, certains nous promettent un futur où nous aurons dépassé les risques climatiques sans avoir à prendre en compte la question des limites du système actuel. Qu'en est-il vraiment ? Ce technosolutionnisme peut-il nous exonérer de radicalement questionner et transformer nos modes de vie ?

« PAS BESOIN DE CHANGER NOS HABITUDES, NOUS TROUVERONS UNE SOLUTION TECHNOLOGIQUE POUR SAUVER LES MEUBLES. »

→ Ce qui est vrai

Les inventions technologiques ont permis d'atteindre un niveau de confort tout à fait inenvisageable quelques siècles en arrière. Grâce au progrès de la médecine, des transports ou encore de l'informatique, les gens vivent plus longtemps et dans de meilleures conditions.

→ Ce qui est mal compris

Ce que coûtent à la planète les voitures autonomes, maisons intelligentes, vêtements connectés… Il n'y a plus de limite à une course en avant faite avec des œillères et à des inventions pour lesquelles la question de leur véritable utilité ne se pose même plus. Les ressources nécessaires à la fabrication de ces iBidules vont être de plus en plus rares et chères et la question de leur recyclage n'est pas réglée.

→ Ce qu'il faut retenir

Le progrès technologique n'est pas la planche de salut de notre futur proche (ou même lointain) car la technologie est toujours plus complexe à entretenir et à réparer. Surtout, les nouvelles inventions sont systématiquement victimes de l'effet rebond : plus on économise (de l'argent, de l'énergie, etc.), plus on dépense ailleurs. Un des exemples parfaits est la voiture Tesla, pourtant vendue comme le miracle qui résoudra tous nos problèmes de transport courant. 70 ans après la 2 CV de Citroën et ses 500 kg, une Tesla pèse plus de 2 tonnes et émet 2 fois plus de CO_2 à la construction qu'une voiture thermique. Tout ça pour déplacer en moyenne 1,1 passager, vous voyez l'arnaque ?

la citation inspirante

« Le progrès technologique n'abolit pas les obstacles ; il en change simplement la nature. »

Aldous Huxley

La preuve par l'exemple

Le Low-Tech Lab

Le Low-Tech Lab est un projet de recherche et de documentation collaborative visant à diffuser et à promouvoir les low-technologies. À l'opposé des high-tech, il existe des solutions techniques plus simples, plus accessibles et plus durables qui, si elles sont démocratisées, peuvent répondre de manière globale aux Objectifs de développement durable identifiés par les Nations unies. Systèmes d'autoproduction d'énergie, de nourriture, retour à la consigne, recyclerie, permaculture… les initiatives low-tech se développent à toute allure et font de plus en plus parler d'elles !

Au-delà de son intérêt au niveau environnemental, l'innovation low-tech invite à repenser notre rapport au développement par l'innovation high-tech débridée. Plutôt que de continuer à rendre l'utilisateur dépendant, l'innovation frugale entend redonner son autonomie à l'individu en mettant à sa disposition des objets vraiment utiles et facilement réparables.

Aujourd'hui, le Low-Tech Lab se donne pour mission de les repérer, de les expérimenter et de les documenter de façon collaborative afin de les rendre accessibles à tous. L'ensemble de ces documentations sont partagées librement et gratuitement dans le monde entier.

QU'EST-CE QU'ON FAIT ?

- On détricote les mythes qui fondent nos croyances économiques et guident nos politiques. Dans une société où le progrès est devenu une nouvelle religion, il est urgent de se confronter à d'autres points de vue pour être certains d'adhérer aux valeurs de notre société 3.0.

- On ose regarder les objets technologiques de notre quotidien comme des moyens plutôt que comme des fins. Quelle est la réelle plus-value d'une voiture qui se gare toute seule ? Mes ancêtres étaient-ils moins heureux sans smartphone ?

- On s'oblige à vivre des moments de « détox technologique ». Que ce soit en partant en randonnée ou en faisant du camping, cela fait du bien de se rendre compte qu'il y a une vie sans la technologie.

- On lit des romans d'anticipation dystopiques : *1984*, *Globalia*, *La Zone du Dehors*, *Fahrenheit 451*, etc. Des auteurs nous alertent sur les pièges de la technologie illimitée et nous annoncent le sort qui nous est réservé.

Initier notre parcours écocitoyen pour modifier profondément ET durablement nos habitudes (seul ET collectivement, lentement ET rapidement, dans les détails ET avec une approche globale) constitue un revirement qui, n'ayons pas peur des mots, se doit d'être responsabilisant ET radical.

Et ça nous demande de ne pas tomber dans le piège tendu par la surconsommation débridée au cœur du système d'une société capitaliste. Non, la croissance verte et les innovations technologiques ne sont pas des réponses viables aux enjeux climatiques auxquels nous sommes confrontés, bien au contraire. Trêve de promesses inatteignables, les scientifiques sont formels, nous devons laisser dans nos sols un tiers de nos réserves de pétrole, la moitié de celles de gaz et plus de 80 % du charbon.

Aujourd'hui, c'est à nous de mettre à profit le matelas de confort qu'il nous reste pour expérimenter sereinement et pro-activement cette société de demain, directement dans notre quotidien. Notre mission : réduire la voilure au lieu de peindre le moteur en vert. « Sobriété, solidarité et créativité » doit devenir notre nouvelle devise et ça tombe bien : nous sommes prêts et nous avons beaucoup plus à gagner qu'à perdre...

EXPÉRIMENTER ET CONSTRUIRE DÈS AUJOURD'HUI UN MONDE DURABLE, SOLIDAIRE ET HEUREUX, ÇA COMMENCE PAR MOI, PAR VOUS, PAR NOUS.

Changer & faire changer

Mettre en accord
ses valeurs et ses actions
tous les jours

Les émissions de CO_2 en France... & les mesures à adopter d'urgence

Pour orienter au mieux notre parcours écocitoyen, nous avons besoin de faire le point sur la situation actuelle car c'est en sachant d'où nous partons que nous pourrons définir au mieux où nous souhaitons aller...

Pour l'**AGRICULTURE**, quelques priorités :

- l'interdiction des pesticides de synthèse ;
- la normalisation du bio dans les cantines ;
- la réorientation de la PAC en faveur des jeunes agriculteurs respectueux de la nature ;
- la rémunération des services rendus par les agriculteurs à l'environnement.

LE BÂTIMENT est le troisième poste d'émission de CO_2, et ici aussi, la marge de manœuvre est grande :

- le lancement d'un grand plan de rénovation énergétique du parc immobilier français, en visant en priorité les passoires énergétiques ;
- la sortie rapide du fioul pour le chauffage ;
- la transformation de notre parc énergétique pour que l'électricité et le gaz soient décarbonés d'ici 2050 ;
- l'encadrement de la construction de nouveaux bâtiments par des outils réglementaires stricts ;
- l'implémentation d'une filière de gestion des déchets plus performante.

11 % la **PRODUCTION D'ENERGIE**

En France, le secteur le plus émetteur en CO_2 est celui des **TRANSPORTS** (dont la moitié du bilan revient aux véhicules particuliers). De ce fait, les actions à exiger de nos dirigeants politiques en urgence sont :

- un plan d'envergure pour les transports en commun :
  - → un maillage fin du réseau ferroviaire sur tout le territoire,
  - → des passages plus fréquents des trains aux heures de pointe,
  - → des trains de nuit sur les lignes principales,
  - → la gratuité des transports publics en ville ;
- des pistes cyclables nombreuses et confortables dans les villes ;
- le développement du fret pour le transport de marchandises ;
- l'interdiction des trajets nationaux en avion.

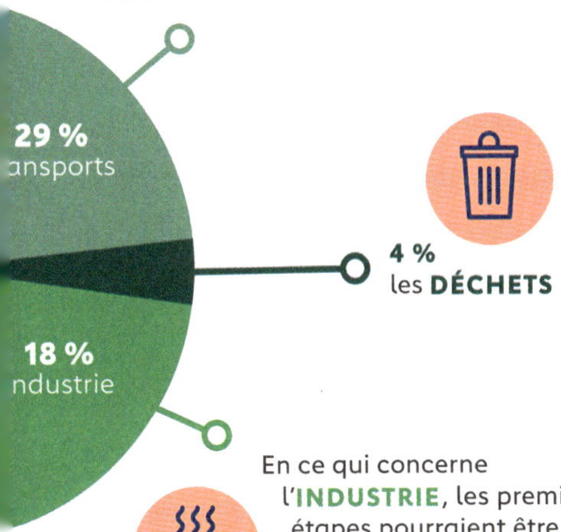

En ce qui concerne l'**INDUSTRIE**, les premières étapes pourraient être :

- l'instauration du principe de « pollueur-payeur », pour faire assumer à l'entreprise ses externalités négatives ;
- l'instauration d'une TVA écologique à 0 % pour encourager les produits écoresponsables ;
- la systématisation de l'économie circulaire pour réduire l'utilisation de matières premières.

Plus largement, notre système est basé sur la croissance économique, et nous pourrions infléchir de manière conséquente cette fuite en avant si nous y mettions un terme,

notamment en :

→ encadrant plus strictement l'activité des banques d'investissement et en la séparant de l'activité de banque commerciale ;

→ remplaçant l'indice du PIB (produit intérieur brut) comme mètre-étalon de notre pays par celui du BIB (bonheur intérieur brut) ;

→ inscrivant les limites planétaires dans l'article n° 1 de notre Constitution.

Les émissions de CO_2 d'un Français… & les actions les plus importantes à mener

Plus loin que le CO_2, il y a aussi les déchets, l'eau, les pesticides…

Notre empreinte est trop grande, et l'essentiel est caché.

→ Pour fabriquer un frigo, il faut 31 fois son poids en matières premières. À l'échelle d'une maison, ce sont 45 tonnes de matériaux qui auront été utilisées pour fabriquer tous nos équipements, soit l'équivalent de 8 gros éléphants.

→ Un Français utilise 148 l d'eau par jour (toilettes, vaisselles, douches, brossages de dents…), soit 4 % de ses besoins : il a besoin de plus de 4 000 l d'eau (eau non visible) par jour pour fabriquer tous ses biens de consommations (alimentation, transport, textile, matériel technologique…), soit 96 % de ses besoins.

→ Chaque année en France, un habitant produit 354 kg d'ordures ménagères. Ce chiffre grimpe à 536 kg si on y inclut les déchets municipaux par habitant. Mais attention, ces chiffres ne sont que la partie émergée de l'iceberg : en incluant les déchets professionnels (BTP, industrie, agriculture, activités de soin), on atteint 13,8 tonnes de déchets produits par an et par habitant.

il faut réduire notre empreinte

À l'échelle individuelle d'un Français, ce sont aussi **LES TRANSPORTS** qui émettent le plus de CO_2.

Dès aujourd'hui, nous pouvons :

- limiter nos trajets en voiture au maximum ;
- privilégier les transports en commun sur les trajets réguliers ou faire du covoiturage quand on ne peut pas se passer de sa voiture ;
- prendre son vélo ou marcher pour les déplacements courts en ville.

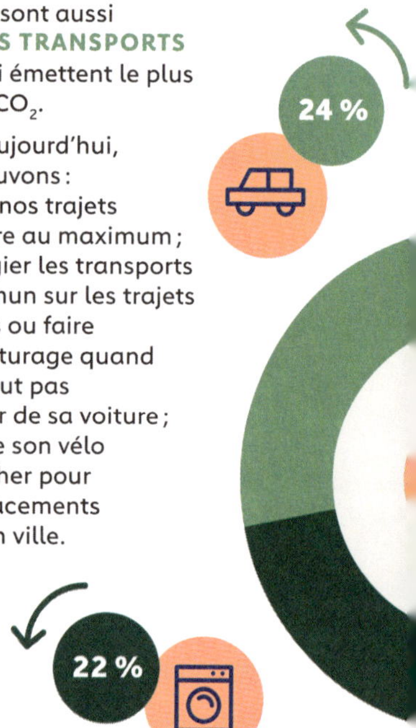

Quant à notre **CONSOMMATION DE PRODUITS**, changer nos habitudes est une urgence et nous pouvons dès demain :

- mutualiser les biens d'équipement et privilégier l'usage à la propriété ;
- réparer pour faire durer le plus longtemps possible ;
- acheter des produits d'occasion ou *made in France*.

14 % consacrés aux **SERVICES PUBLICS**

Le grand absent : c'est notre argent !

Nous n'en parlons presque jamais, mais notre épargne peut vite devenir le poste le plus émetteur de CO_2. Pour vous donner un ordre de grandeur, 12 000 euros placés au Crédit Agricole engendrent chaque année environ 12 tonnes de CO_2, soit l'équivalent de l'empreinte carbone annuelle d'un Français.

→ Pour savoir dans quelle banque placer votre argent, rendez-vous page 92.

18 %

Au niveau de **L'ALIMENTATION,** les grands leviers sont :
- favoriser les produits non emballés ;
- acheter bio, local et de saison ;
- privilégier les circuits courts plutôt que les grands supermarchés ;
- réduire considérablement notre consommation de viande et de poisson ;
- dire stop au gaspillage.

22 %

LE LOGEMENT est *ex aequo* avec les biens de consommation. Pour les émissions liées à l'habitat, il y a du boulot :

- construire ou rénover grâce à des matériaux durables, locaux et écologiques ;
- réduire notre consommation d'énergie pour le chauffage ;
- diminuer la taille de nos logements.

Les émissions de CO_2 dans le monde

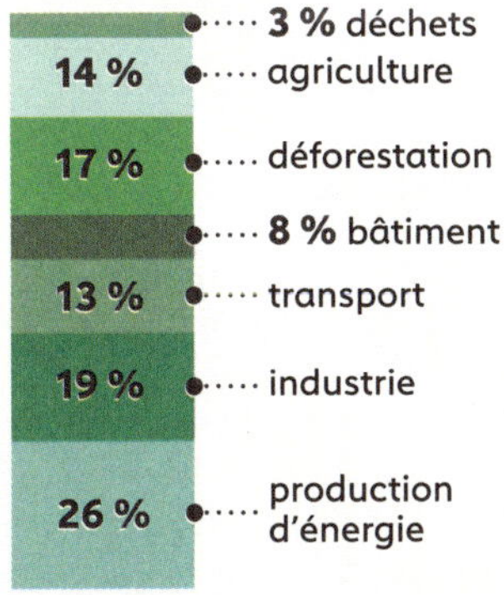

c'est comment dans le monde ?

Bon à savoir

Dans le monde, la production d'énergie est la principale source d'émission de CO_2, suivie par l'industrie et la déforestation. Cela nous rappelle qu'il est primordial de mettre un terme à la déforestation, principalement due à notre surconsommation de viande et d'huile de palme (dont près de la moitié de la production est destinée au biogaz).

changer →

Les deux meilleurs alliés de notre parcours écocitoyen

L'exemplarité, la seule façon d'influencer les autres

Albert Schweitzer disait : « L'exemplarité n'est pas une façon d'influencer les autres, c'est la seule », et j'ai mis du temps à comprendre cette vérité qui semble pourtant évidente une fois assimilée. Ce conseil est un levier extraordinaire quand il s'agit de défendre la cause environnementale.

Avant d'entrer dans le vif du sujet, à savoir les actions concrètes pour accélérer le changement, voici quelques retours d'expérience pour que votre parcours écocitoyen devienne aussi un exemple inspirant pour ceux qui vous entourent. Je vous avoue que si quelqu'un m'avait livré ces secrets il y a quelques années, j'aurais pu prendre de sacrés raccourcis :

→ Acceptez votre imperfection : Ça ne sert à rien de créer de la frustration en vous focalisant sur toutes les choses que vous pourrez améliorer. Soyez plutôt fier de tout ce que vous avez déjà accompli.

→ Liez votre démarche de changement à votre quête de bonheur : Plus vous serez heureux de mener à bien cette transformation écocitoyenne et plus vous parviendrez à repousser les limites du possible. Plus vous serez rayonnant et plus vous donnerez envie à votre entourage de marcher dans vos pas.

→ Recevez les critiques avec humilité : Ce n'est pas parce que quelqu'un vous montre qu'il vous reste encore du pain sur la planche dans tel ou tel domaine qu'il faut absolument lui rendre la pareille. Au contraire, apprenez à recevoir les critiques (positives comme négatives), en remerciant ceux qui veulent vous aider.

→ N'étiquetez pas forcément toutes vos nouvelles habitudes comme étant écologiques : À la place, voyez votre engagement sous différents angles : celui du bon, du pratique, du rentable, du sain, etc.

→ Ne reprenez plus les autres sur leurs mauvaises habitudes : S'entendre dire que l'on fait tout de travers n'est jamais agréable et je ne connais personne qui ait acquiescé en répondant « Tu as raison, je vais changer ça tout de suite et définitivement » quand je lui disais que manger de la viande était un fléau pour la biodiversité ou que prendre l'avion revenait à annuler toutes les bonnes actions écoresponsables de l'année. Mieux vaut apporter des éléments de réflexion.

L'esprit critique, notre bien le plus précieux

Ça y est vous êtes prêt ? Vos manches sont retroussées et vous êtes plus que jamais décidé à passer à l'action ? Pourtant, avant de foncer tête baissée dans la refonte profonde de votre quotidien, il est primordial de prendre encore un peu de temps pour aborder un sujet crucial : votre manière de vous informer !

« Dis-moi ce que tu lis et je te dirai ce que tu penses », cet adage inventé pour l'occasion est à prendre au sérieux tant les informations dont nous sommes bombardés sont de plus en plus remises en question ! *Fake news*, infobésité, bulles de filtres, porosité entre certains médias et les intérêts privés d'actionnaires, contrôle en hausse de la presse... nous avons d'excellentes raisons de revoir et de repenser notre façon de « consommer » les médias.

→ **Varier ses sources (la presse libre propose des formats complémentaires, en version papier comme sur Internet) :** Cela permet de se forger une vision ouverte, globale et nuancée. Quelques suggestions de journaux indépendants à ne pas manquer : *Le Drenche*, *L'Âge de Faire*, *Reporterre*, *La Relève et la Peste*, *Médiapart*, *Kaizen*, etc. Vous en voulez plus ? Toute la presse libre et alternative est référencée sur cette carte : *lagedefaire-lejournal.fr/carte-de-la-presse-pas-pareille/*

→ **Oser à nouveau le temps long :** Le rythme quotidien des actualités ne s'arrête jamais, au risque de ne plus nous laisser prendre le temps de l'analyse. Heureusement, un florilège de magazines permet de s'extraire de cette course au buzz : *Usbek & Rica*, *6 mois*, *La Revue dessinée*, *Permagaïa*, *XXI*, etc.

→ **Écouter les journalistes indépendants :** De nombreux professionnels font un travail de qualité et ouvrent de nouvelles voies. C'est le cas notamment d'Anne-Sophie Novel qui est à l'origine du collectif Place to B et du documentaire *Le Monde, les Médias et Moi*.

→ **Jeter un œil (et une oreille) aux projets citoyens :** Sur Internet, les vidéastes engagés nous proposent des points de vue fouillés et originaux sur les grands enjeux de notre époque : La Barbe, Partager c'est sympa, le JTerre, Professeur Feuillage, Data Gueule, etc. Au format audio, ça bouge aussi avec les podcasts comme *Sismique*, *Vlan*, *Thinkerview*, *Supplément d'âme*, *Présages*, etc.

POUR AVOIR UNE INFORMATION SAINE ET ÉQUILIBRÉE : 5 MÉDIAS ALTERNATIFS PAR JOUR !

En France, 10 milliardaires contrôlent l'essentiel de la presse

quotidiens nationaux
89,9 %
des journaux vendus

télévision
53,3 %
des parts d'audience

radio
40,4 %
des parts d'audience

ACPM, Médiamétrie

la maison

EN CHIFFRES

148 litres par habitant et par jour, c'est la moyenne de consommation d'eau domestique d'un Français aujourd'hui alors qu'à la **fin du XIXe siècle**, elle ne dépassait pas les **20 litres journaliers**.

35,4 millions, c'est le **nombre de logements** en France métropolitaine : **2,9 millions** sont **vides** et **10 millions ont plus de 30 ans**.

1 683 €, c'est la **facture annuelle** moyenne des Français consacrée au **chauffage**. Ce montant représente au minimum **60 % de la facture énergétique d'un foyer**. Il existe de gros écarts selon le type de chauffage : le **fioul** coûte en moyenne **2 230 €** quand le chauffage au **bois** est le plus économique avec en moyenne une dépense de **769 €**.

Les objectifs pour 2030

Ne plus se chauffer au fioul

17>19 °C

Limiter la température

à 19 °C dans les pièces à vivre
et 17 °C dans les chambres en hiver

Limiter les logements

à une surface habitable
de 30 m² par personne

Permettre la rénovation énergétique

d'un million de logements chaque année

÷2

la consommation électrique par foyer

(hors chauffage)

Pour commencer

Souvent, les personnes qui se lancent dans la réduction de leur empreinte écologique commencent par modifier les habitudes au sein de leur foyer. Et ça tombe bien, car il y a des tas de bonnes pratiques qui peuvent être adoptées très simplement.

on se lance ?

Le coup de pouce

Il existe des applications sur smartphone qui peuvent vous aider à bien recycler comme *Le Guide du tri* ou *consignedetri.fr*

En bonus dans les outils détachables

Des autocollants stop pub à donner à vos voisins et à vos amis pour les sensibiliser au gaspillage de papier en France.

L'affiche pense-bête pour savoir quel déchet va dans quelle poubelle. Vous pouvez la remplir selon les spécificités de votre ville pour ne plus jamais vous tromper au moment de jeter un déchet.

1. **Je colle un stop pub sur ma boîte aux lettres :** Un simple autocollant permet de mettre un terme (quasi définitif) aux 40 kg de prospectus qu'un foyer français reçoit chaque année.

2. **J'utilise des chiffons réutilisables :** Le fait de remplacer l'essuie-tout jetable par des versions lavables en matière naturelle permet de préserver des ressources, mais aussi d'économiser une centaine d'euros par foyer chaque année.

3. **Je reste 3 minutes sous la douche :** $^1/_3$ de notre consommation d'eau domestique passe dans la toilette que nous faisons chaque jour. Si un bain représente entre 150 et 250 litres d'eau, une douche de 3 minutes vous permet d'utiliser moins de 30 litres d'eau.

4. **J'installe des mousseurs sous les robinets :** C'est facile à faire et ça permet de diviser le débit d'eau par 2 (pour les plus performants).

5. **J'emballe mes restes alimentaires grâce au Bee's Wrap :** Films réutilisables en cire d'abeille faciles à faire. Prenez un carré de tissu fin, répartissez de la cire d'abeille sur toute la surface et passez le tout au four jusqu'à ce que la cire soit fondue et le tour est joué !

6. **Je recycle mes déchets :** Et n'oubliez pas les bouchons en plastique, en liège, les piles ou encore les ampoules que vous pourrez déposer dans des points de collecte dédiés.

Pour faire des économies

L'avantage des actions écocitoyennes c'est qu'elles sont très souvent sources d'économies. C'est particulièrement le cas chez soi où quelques menus changements peuvent permettre de laisser plusieurs centaines d'euros dans son porte-monnaie.

action !

1. **Je réduis l'utilisation d'eau dans les W.-C. :** Glissez une bouteille en plastique d'1,5 litre pleine dans votre réservoir. Si le système de votre chasse d'eau est suffisamment moderne, vous pourrez faire en sorte de régler le flotteur au minimum. Au total, chaque année, vous économiserez plus de 3 000 litres d'eau par personne.

2. **J'éteins mes appareils en veille :** Plus de 100 euros par foyer et par an s'envolent à cause de nos appareils en veille (micro-ondes, chaîne hi-fi, télévision, etc.) alors qu'il suffirait de brancher ces équipements sur des multiprises on/off que vous éteindriez après chaque usage pour y remédier. *Idem* pour les chargeurs de téléphone et d'ordinateur et le modem wi-fi qui sont à débrancher quand ils sont inutilisés.

3. **J'installe des ampoules LED :** Remplacer ses ampoules par des modèles LED permet d'économiser 30 euros par an. Une ampoule LED, pour le prix de deux halogènes, consommera six fois moins et durera cinq fois plus longtemps.

4. **Je sèche mon linge à l'air libre :** Le sèche-linge est l'une des machines les plus énergivores de la maison. Le fait de faire sécher son linge sur un fil ou un étendoir permet donc une économie de plus de 50 euros par personne et par an.

Le focus

Les fuites d'eau (et les oublis) peuvent vous coûter des centaines d'euros par an.

Un robinet qui goutte, c'est 100 litres d'eau par jour, soit 150 euros gaspillés en moyenne chaque année.

Un filet d'eau vous coûte environ 420 €/an.

Une chasse d'eau défaillante, c'est encore pire : jusqu'à 600 litres par jour… soit 800 euros par an.

Pour vivre mieux

Contrairement à ce qu'on pourrait penser, l'air intérieur est jusqu'à 8 fois plus pollué que l'air extérieur. Peintures chimiques sur nos meubles, textiles synthétiques, moisissures, produits de nettoyage sont autant de dangers dont il est urgent de se débarrasser.

inspirez, expirez

1. **J'aère tous les jours au moins 15 minutes :** L'effet positif est double quand on ouvre ses fenêtres : cela permet de vivre dans un environnement plus sain mais également plus sec, et donc de réduire vos factures de chauffage.

2. **Je me débarrasse des objets en plastique :** Vivre plus sainement, c'est aussi se débarrasser une bonne fois pour toutes de tous les ustensiles en plastique qui envahissent notre quotidien et les remplacer par des équivalents en inox (spatule, râpe, louche, passoire, économe, fouet, boule à thé, etc.), en bois (cuillère, planche à découper, saladier, salière et poivrière, rouleau à pâtisserie, etc.) ou en verre et en Pyrex (contenants, plats, bocaux, presse-agrumes, etc.).

   Ça marche aussi dans la salle de bains où vous pouvez remplacer vos peignes et brosses par des équivalents en bois et vos rasoirs jetables par un rasoir réutilisable en inox.

3. **J'utilise des peintures naturelles :** Les peintures bio sont nettement moins polluantes que les versions « classiques ».
   Leur taux de composés organiques volatiles ne dépasse pas 5 g/l, alors que la réglementation autorise jusqu'à 30 g/l. Peinture Nature et Natureplus sont parmi les deux labels les plus exigeants. En cas de doute, tournez-vous vers les produits étiquetés A +.

L'astuce

Entreposer au moins une plante pour chaque 10 m² de votre foyer permettrait de purifier efficacement l'air de la pièce. C'est la Nasa qui le dit !

Quelques exemples : le chlorophytum, le lierre, le spathiphyllum, le pilea ou encore l'aloe vera !

C'est facile
de faire ses propres
produits d'entretien

Quand il y a un fond bleu c'est qu'il faut tout mélanger dans 1 l d'eau !

Les recettes	vinaigre	savon	citron	bicarbonate de soude	HE (huiles essentielles)	cristaux de soude
lessive		50 g		1 cs	lavande	
adoucissant	300 ml de blanc			2 cs	10 gouttes au choix	
blanchir le linge			1 jus	ou 2 cs	dans la machine	
liquide vaisselle		65 g	2 cs	2 cc	citron	2 cs
poudre lave-vaisselle		2 cs	2 cs acide citrique	1 cs percarbonate de soude	1 cc	2 cs
liquide de rinçage	●					
vitre/miroir	25 cl	*ou*	1 jus			
nettoyant multi-usage	8 cs			4 cs	pamplemousse	
détartrer	●	*ou*	●			
WC	30 cl				tea tree	
crème à récurer	6 cs			60 g	citron	
déboucher les tuyaux	1 verre	→ à verser sur		3 cs		
se laver		●				

Les écoloHumanistes

Pour réduire mon empreinte écologique

Il est temps de passer aux choses sérieuses ! C'est chez nous que se situe notre première dépense d'énergie, notamment avec le chauffage. Pas de panique, ce n'est pas la peine de revenir à l'âge des cavernes pour avoir un VRAI impact sur notre empreinte écologique.

BAISSE LE CHAUFFAGE, PORTE LA DOUDOUNE !

L'astuce

Vous avez du mal à vous y retrouver au milieu des offres de tous les fournisseurs d'énergie renouvelable ?

Le Guide de l'électricité verte de Greenpeace France vous aide à démêler le vrai du faux dans un secteur en pleine transformation : *guide-electricite-verte.fr*

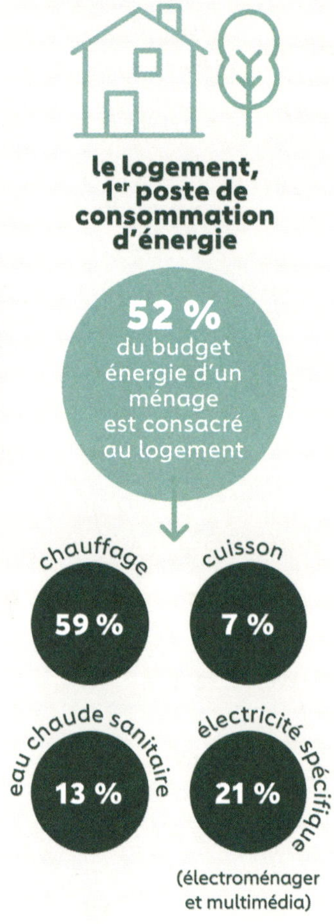

ADEME

1 **Je règle la température de mon chauffe-eau entre 55 et 60 °C :** C'est suffisant pour limiter le développement de bactéries et éviter un entartrage trop rapide de l'appareil tout en limitant votre facture d'énergie. Dans le cas d'un chauffe-eau thermodynamique (CET), vous pouvez même descendre entre 45 et 50 °C.

2 **Je diminue la température du chauffage :** 1 °C en moins c'est 7 % d'économies sur la facture en moyenne. Pour rappel, la température idéale dans les chambres c'est 17 °C, 22 °C dans la salle de bains quand on l'utilise et 19 °C dans les pièces à vivre comme le salon et la salle à manger.

3 **Je passe chez un fournisseur d'électricité renouvelable :** De nombreux fournisseurs d'électricité proposent aujourd'hui des offres « vertes » mais toutes ne se valent pas. Rares sont les fournisseurs qui permettent de s'approvisionner en électricité renouvelable qui soutient une production locale. En France, ils sont au nombre de trois : Énergie d'ici, Enercoop et Ilek.

chauffe-toi ! ←

4 **Je fais des travaux de rénovation thermique de mon logement :** Même si des travaux de rénovation peuvent paraître lourds et coûteux, ils sont souvent un excellent investissement pour vous permettre de réduire considérablement vos dépenses énergétiques. Isolation des combles, des murs, double vitrage ou encore installation d'un poêle à bois... Il existe de nombreux endroits pour se faire conseiller par des professionnels à ce sujet, dont FAIRE ! (*faire.fr*), un nouveau service public dédié à cette mission.

5 **Je produis moi-même mon électricité grâce aux panneaux solaires :** Investissement important au départ, l'installation de panneaux solaires photovoltaïques sur son toit peut s'avérer judicieuse sur le long terme puisqu'elle permet de produire sa propre électricité. Aujourd'hui, une installation moyenne chez un particulier est rentable en une dizaine d'années et les panneaux solaires sont quasiment entièrement recyclables.

6 **Je construis (ou rénove) mon logement en matériaux écologiques et locaux :** On estime les émissions liées à la construction d'un logement conventionnel en béton à 4,8 tonnes équivalent CO_2, soit près de la moitié du bilan carbone annuel d'un Français. Heureusement, la paille, le bois, le chanvre ou encore le lin sont des écomatériaux qui permettent de diviser jusqu'à 10 fois cette empreinte.

Pour faire soi-même

En France, les déchets organiques des ménages représentent environ $^1/_3$ du poids total de la poubelle. Composés à 70 % d'eau, il est dommage qu'ils terminent incinérés ou enterrés alors qu'ils pourraient devenir une ressource précieuse pour les cultures grâce au compostage.

POUR PERPÉTUER LE CYCLE DU VIVANT ET RÉDUIRE CONSIDÉRABLEMENT LA TAILLE DE VOTRE POUBELLE, METTEZ-VOUS AU COMPOST !

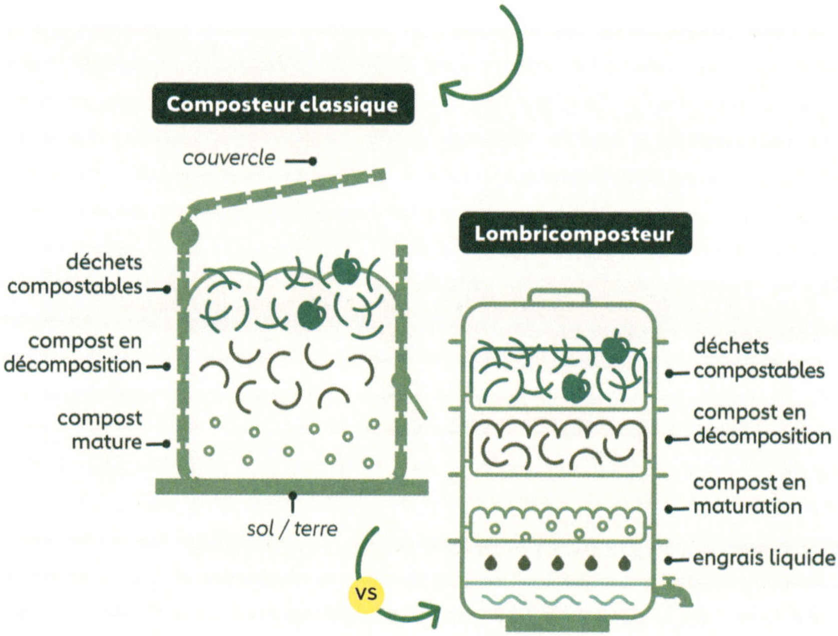

illustrascience.fr + d'infos sur *biodechets.org*

1 **Je donne une seconde vie à mes objets cassés grâce à l'upcycling (surcyclage) :** Sur Internet, on trouve des milliers d'exemples – comme autant de preuves de l'imagination sans limite des êtres humains – montrant comment redonner une utilité à des objets cassés ou délaissés. De la passoire devenue pot de fleur à la machine à coudre transformée en bureau, votre seule limite est votre créativité.

pour aller plus loin ! ↙

2 **Je fabrique un nichoir à abeilles :** Les abeilles dites « solitaires » représentent plus de 80 % de la population totale des abeilles. Mais ces excellentes pollinisatrices sont malheureusement menacées. Vous pouvez les aider en fabriquant un nichoir à abeilles ou un hôtel à insectes, c'est une excellente activité à faire avec vos enfants.

3 **J'utilise la technologie low-tech chez moi :** Construire un four solaire avec des miroirs, une éolienne avec des anciens moteurs d'imprimantes, une machine à laver avec un vieux vélo, c'est ce que permettent les low-tech (en opposition à high-tech). Une vision innovante des objets du quotidien à base de récupération, d'huile de coude et de débrouillardise. (Plus d'infos sur *lowtechlab.org/wiki/Explore*)

4 **Je choisis un habitat alternatif et construis ma propre Tiny House :** Qui a dit qu'on était obligé de vivre dans un appartement ou une maison ? Depuis quelques années, le mouvement des Tiny House (littéralement la « maison minuscule ») explose partout dans le monde, avec des habitations d'une vingtaine de mètres carrés installées sur des remorques pour vivre la sobriété heureuse au quotidien. (En savoir plus sur *tinyhousefrance.org*)

En bonus dans les outils détachables

Les consignes du compostage pour son composteur de quartier.

Le tuto pour fabriquer un nichoir à insectes avec vos enfants.

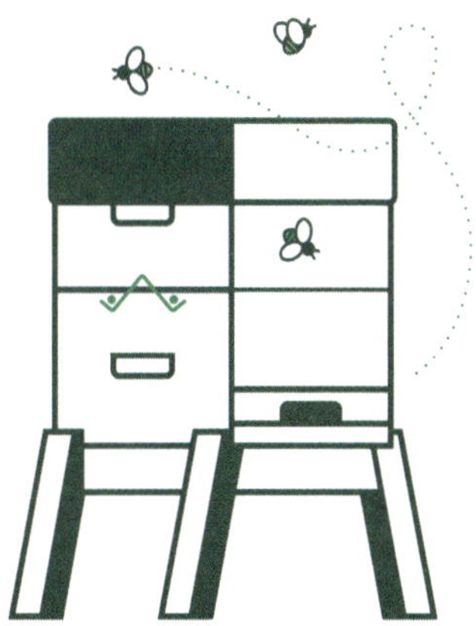

Pour mobiliser

Le partage d'objets entre voisins

Et si, pour montrer la voie de l'usage plutôt que de la propriété, vous partagiez vos objets ? C'est un défi lancé par les Suisses de Pumpipumpe il y a quelques années qui a été repris récemment par les écoloHumanistes à Lyon. L'idée est simple : grâce à un kit d'autocollants, vous pouvez indiquer sur votre boîte aux lettres quels sont les objets que vous êtes prêt à prêter à vos voisins.

Les Français possèdent plus d'une trentaine d'objets qu'ils utilisent 3 fois par an : une raquette de tennis, un gaufrier, un service à fondue, une paire de skis, etc. L'exemple le plus marquant est sans doute celui de la perceuse qui n'est utilisée en moyenne que 12 minutes dans toute sa vie.

Non seulement cela vous permettra de réduire votre empreinte carbone (et de faire des économies) en vous évitant de passer par la case « achat » quand vous aurez besoin de quelque chose, mais en plus, c'est un prétexte idéal pour recréer du lien avec les voisins que vous ne connaissez pas forcément.

En bonus dans les outils détachables

Un kit d'autocollants à coller sur sa boîte aux lettres mis à disposition par *Les écoloHumanistes* pour prêter ses objets à ses voisins et mettre en avant l'usage plutôt que la propriété.

Grâce au kit d'autocollants pour prêter vos objets disponibles dans ce livre, vous pouvez lancer vous aussi votre communauté de partage dans votre quartier. Au-delà du fait de coller les stickers sur votre boîte aux lettres, la communication est la clé. Prenez le temps d'écrire un petit mot pour expliquer la démarche à vos voisins et n'ayez pas peur de taper directement aux portes pour en parler de vive voix.

Ça marche • **L'objethèque**

Une objethèque (vous pouvez aussi parfois entendre parler de «trucothèque») est un lieu communautaire qui donne aux habitants la possibilité d'accéder à une vaste gamme d'articles: jeux de société, ustensiles de cuisine, équipement de sport, matériel de camping ou même fournitures de fête... vous trouvez de tout dans ces cavernes d'Ali Baba sans pour autant avoir à acheter ces objets et encombrer votre quotidien.

En effet, ces initiatives fonctionnent sur le principe de la mise en commun, proche du fonctionnement des bibliothèques, et permettent d'emprunter les objets du quotidien que vous ne voulez ni acheter ni stocker et dont vous n'avez un usage que très ponctuel.

L'idée est en plein boom et on trouve déjà en France des objethèques à Lyon, Nantes, Metz et bientôt à Saint-Étienne. Pour les Suisses, il y a aussi La Manivelle, qui est une objethèque récemment ouverte à Genève.

Si vous recherchez spécifiquement un outil pour bricoler chez vous, vous trouverez votre bonheur dans une bricothèque. Il en existe une trentaine répartis sur tout le territoire (dont Calais, Tours, Bordeaux, Grenoble ou encore Marseille).

L'initiative • **Les écoloHumanistes**

L'objectif de Romain et Jeff est de faciliter la transition personnelle de chacun. Pour y arriver, les deux créateurs du site *lesecolohumanistes.fr* proposent des outils pratiques, des conférences et des formations pour que tout le monde puisse se lancer. Ils sont persuadés que c'est en remettant la coopération et la mise en commun au cœur de notre mode de vie que nous réussirons à créer la société de demain.

Pour agir collectivement

ENSEMBLE, ON EST PLUS FORTS.

Le cohabitat : avenir des villes et des campagnes ?

Alors qu'il est chaque année plus difficile d'accéder à la propriété et que l'impact de nos logements individualisés devient insoutenable pour la planète, d'autres modèles de vivre-ensemble font parler d'eux. C'est le cas du cohabitat (aussi connu sous le nom d'habitat groupé ou d'habitat partagé) qui connaît un véritable essor partout dans le monde. Ici, l'idée est d'impliquer le collectif dans toutes les phases du projet : de la conception au développement et à la gestion du projet.

Un choix de vie qui s'inspire de la sobriété heureuse qui se retrouve dans le dicton « Moins de biens, plus de liens ». En effet, quand les membres d'une communauté se regroupent pour créer leur propre quartier, ils optent pour un mode de vie plus simple : moins d'espace personnel et plus de ressources partagées. Un désencombrement matériel qui donne plus de place à une vie plus riche au niveau relationnel.

À ces vertus, les collectifs qui optent pour le cohabitat ajoutent très souvent une reconnexion au vivant très forte, notamment en ouvrant un jardin partagé pour produire une partie, voire, dans certains cas, la totalité des besoins en alimentation de la communauté.

Un modèle ancien qui répond aux défis de notre époque

Le cohabitat est loin d'être une invention moderne et pourtant, cette formule répond aux urgences de notre société individualiste, à savoir l'isolement et l'exclusion des personnes les plus vulnérables. En effet, on voit des initiatives de cohabitat inclusif qui permettent aux personnes en situation de handicap et/ou aux personnes âgées de vivre dans des logements individuels assortis d'un projet de vie sociale et partagée. Plus d'infos sur *homnia.fr*

Le focus • **Le mouvement des villes en transition**

Le mouvement des villes en transition est né en Grande-Bretagne en 2006, dans la petite ville de Totnes, avec comme objectif de construire collectivement un mode de vie alternatif, sans pétrole. Il y a aujourd'hui plus de 2 000 initiatives de Transition dans le monde, dans 50 pays, dont 150 en France, réunies dans le Réseau international de la transition (*transitionnetwork.org* et *entransition.fr* pour les francophones). Certaines de ces villes françaises sont même des exemples pour le monde entier : c'est le cas d'Ungersheim, en Alsace !

Pour accélérer ce mouvement, les habitants regroupés en collectif disposent de nombreux leviers, notamment le développement de cultures potagères, de transports propres comme le vélo, des énergies renouvelables, du recyclage, des systèmes d'échanges locaux, etc.

Loin du fatalisme, chaque collectif cherche à entretenir une vision positive de l'avenir et est à pied d'œuvre pour réduire fortement ses émissions de CO_2, renforcer la résilience des territoires, renforcer les liens et acquérir les compétences qui deviendront nécessaires à l'accroissement de notre autonomie.

Sacré programme !

D'autres collectifs pour aller plus loin

→ Les Oasis des Colibris pour tendre vers l'autonomie.

→ La communauté Eotopia pour questionner la place de l'argent.

→ Le refuge Altervita pour protéger les animaux.

→ La commune de Pessat-Villeneuve pour faire de l'accueil des migrants une seconde nature.

→ Le village Emmaüs de Lescar-Pau pour redonner une seconde vie aux objets et proposer une alternative économique à notre modèle.

l'alimentation

EN CHIFFRES

821 millions de personnes souffrent à présent de la faim dans le monde selon l'ONU. Un chiffre à nouveau **en hausse** depuis 2015.

30 % de la population mondiale est obèse. Certaines études prévoient qu'à ce rythme, **la moitié de la population** européenne sera concernée par l'obésité **d'ici 2030**.

$^1/_3$ de toute la nourriture produite dans le monde est jeté. Chaque année, **nous jetons 1,3 milliard de tonnes** de nourriture. S'il était un pays, le gaspillage alimentaire serait le 3e plus gros pollueur au monde en termes d'émissions de CO_2.

70 % de l'eau utilisée sur la planète l'est pour l'agriculture.

Les objectifs pour 2030

÷3

la consommation de viande et de produits laitiers

Aujourd'hui, un Français mange en moyenne 90 kg de viande chaque année

×2

le nombre d'agriculteurs

et le nombre de parcelles en bio doit être multiplié par 5

⊗

Les produits transformés et emballés doivent être supprimés

↓

Instaurer des quotas sur les produits importés

(café, thé, fruits exotiques, chocolat, etc.)

Pour commencer

Le meilleur déchet, c'est celui qu'on ne produit pas et si bien recycler est une petite victoire, ne pas remplir sa poubelle de déchets en est une bien plus grande. Comment faire ?

on se lance ?

FAIRE SES COURSES EN VRAC, BIEN SÛR !

À ne pas oublier

Réduire ses emballages, c'est bien, mais il faut aussi réduire ses déchets au moment du repas. Stop aux livraisons de plats suremballés et bye-bye les couverts et autres ustensiles en plastique jetables pour les fêtes et les pique-niques.

1. **Je n'achète plus d'eau dans des bouteilles en plastique :** 25 millions de bouteilles en plastique sont vendues chaque jour en France. Pour filtrer l'eau de votre robinet, utilisez un charbon actif (Binchotan).

2. **Je prends des sacs à vrac en tissu pour faire mes courses :** Les sacs « biodégradables » proposés en supermarché ne sont en fait pas compostables et contiennent toujours du plastique. Le mieux : apporter ses sacs en tissu (que vous pouvez d'ailleurs facilement faire vous-même).

3. **J'apporte mes récipients pour les produits frais :** Pensez à apporter vos bocaux et bouteilles en verre pour les produits frais et même liquides. Les épiceries vrac se développent très rapidement (comme les Day by Day, par exemple) et même certains supermarchés s'y mettent grâce au projet Jean Bouteille qui démocratise le vrac liquide.

4. **Je dis stop aux capsules de café en aluminium :** Mises bout à bout, les capsules vendues annuellement permettent de faire dix fois le tour de la Terre. L'idéal, c'est la cafetière italienne (ou à piston) et d'acheter son café bio et en vrac auprès du torréfacteur de sa ville. *Idem* pour le thé en vrac avec une boule en inox.

5. **Je fais mes yaourts à la maison :** Faites vos yaourts vous-même grâce à la technique de la marmite norvégienne. Avec votre Cocotte-Minute, vous pourrez les préparer en deux coups de cuillère à pot !

Pour faire des économies

Les Français jettent à la poubelle environ 29 kg de nourriture par personne et par an, dont 7 kg de produits encore emballés. Un coût pour la planète doublé d'un manque à gagner de plus de 100 euros par Français.

action ! ↘

1. **J'achète des quantités justes :** Préparez une liste avant de faire les courses en faisant un état des lieux précis de ce qu'il vous reste.
2. **Je comprends mieux les dates de péremption :** Si la DLC (date limite de consommation) indique une limite impérative, la DDM (date de durabilité minimale) indiquée avec la mention « à consommer de préférence avant le » est purement indicative. La dépasser n'implique donc pas que votre produit doit être jeté à la poubelle.
3. **Je cuisine les légumes avec la peau :** Et si on brossait plutôt que d'éplucher ? En plus, c'est souvent dans la peau qu'il y a la plus grande quantité de vitamines et d'antioxydants.
4. **Je fais des recettes à base d'épluchures :** Sur Internet, des recettes anti-gaspi proposent de cuisiner vos épluchures : cake, pesto, soupe, tarte et encore 1 001 idées pour TOUT manger.
5. **J'achète des invendus sur le point d'être jetés :** Des applications comme Too Good To Go, Phenix ou Optimiam nous donnent la possibilité d'acheter les invendus des épiceries, boulangeries, traiteurs et autres à bas prix.
6. **Je donne mes aliments à mes voisins ou à un frigo solidaire :** Si vous vous absentez pendant plusieurs jours, donnez votre nourriture (sur Facebook : @LesFrigosSolidaires).

Le gaspillage alimentaire tout au long de la chaîne

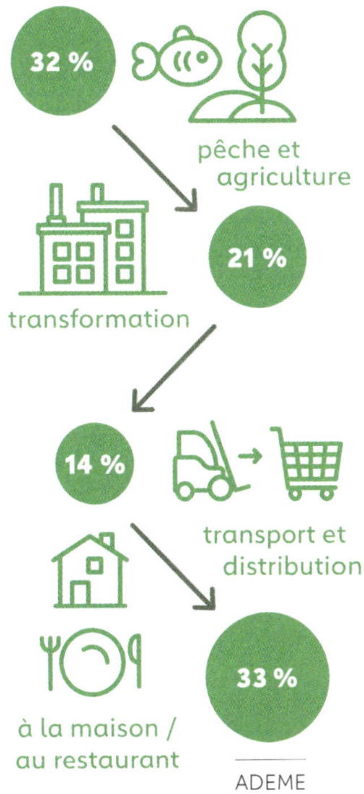

ADEME

AU RESTO, COMMANDEZ DES PETITES PORTIONS ET EMPORTEZ VOS RESTES !

Pour vivre mieux

Avec l'avènement de l'industrie agroalimentaire, nos habitudes ont radicalement changé : plus de plats préparés, plus de nourriture transformée, plus de produits trop gras, trop salés et trop sucrés... Pourtant, ces dernières années, on assiste de nouveau à un grand chamboulement dans notre assiette : moins de viande, plus de bio... les Français veulent manger mieux !

Le focus

Le menu idéal

Des chercheurs ont trouvé un menu qui peut répondre aux grands défis de notre époque.

Il est soutenable écologiquement et peut nourrir 10 milliards de personnes en 2050.

Qu'est-ce qu'on fait ?!

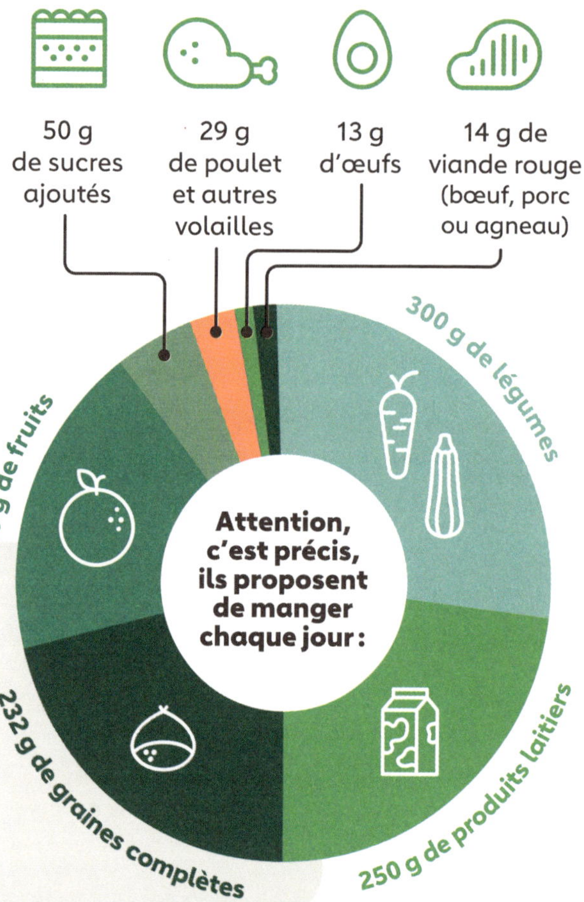

1 **J'arrête d'aller au fast-food :** En France, plus de 32 000 fast-foods servent quotidiennement 21 millions de clients. Pourtant, la restauration rapide est l'endroit à bannir dès que l'on veut avoir une alimentation plus équilibrée, pour la santé et pour la planète... sans compter les quantités catastrophiques de déchets produites par les fast-foods. Pour vous donner une idée, la restauration rapide en France génère 80 000 tonnes d'emballage et 60 000 tonnes de déchets alimentaires par an.

ton corps te dit merci

2 **Je ne mange plus de plats préparés :** 700 000 repas sont livrés chaque jour en France. C'est autant de sacs en carton, d'emballages en plastique, de serviettes en papier qui termineront à la poubelle. Un désastre pour la planète mais aussi pour notre santé quand on sait que la chaleur favorise la migration de perturbateurs endocriniens dangereux pour la santé vers nos aliments.

3 **Je privilégie une alimentation bio :** En 2018, plus de 9 Français sur 10 déclarent avoir consommé des produits bio et près des $^3/_4$ consomment bio régulièrement. La nourriture bio est respectueuse de la biodiversité et bonne pour notre santé. Et ça ne coûte pas plus cher si on adopte un régime flexitarien.

4 **Je mange moins de viande rouge :** La consommation de viande rouge, de viande préparée et de charcuterie augmente le risque de cancer. En tout état de cause, les experts appellent à limiter la consommation de viande rouge à un total compris entre 300 et 500 g par semaine.

5 **Je privilégie les vins et les bières bio :** La viticulture conventionnelle est l'un des plus gros consommateurs de pesticides au monde et des tests ont montré que la majorité des bières disponibles dans le commerce présentaient des résidus de pesticides. Comme avec la nourriture, tournons-nous vers des labels bio pour nos boissons.

Astuce

Vous voulez savoir si ce que vous mettez dans votre panier de courses est vraiment bon pour la santé ? Rejoignez les 10 millions de Français qui ont téléchargé l'application *Yuka* qui scanne vos produits, analyse leur impact sur la santé et vous délivre un diagnostic instantané.

Pour réduire mon empreinte écologique

La FAO estime que 83 % de la surface agricole mondiale est monopolisée par l'élevage. Un déséquilibre d'affectation de ressources étourdissant pour la production de la viande qui est, de plus, l'un des postes à l'empreinte écologique la plus importante alors que ce secteur ne produit que 18 % des calories et 37 % des protéines nécessaires. Les experts recommandent de drastiquement réduire la place de la viande dans nos assiettes, et pourtant les projections actuelles de l'agro-industrie continuent de faire état, pour 2050, d'une augmentation de 76% de la production au niveau mondial.

La viande, nourriture la plus émettrice de gaz à effet de serre

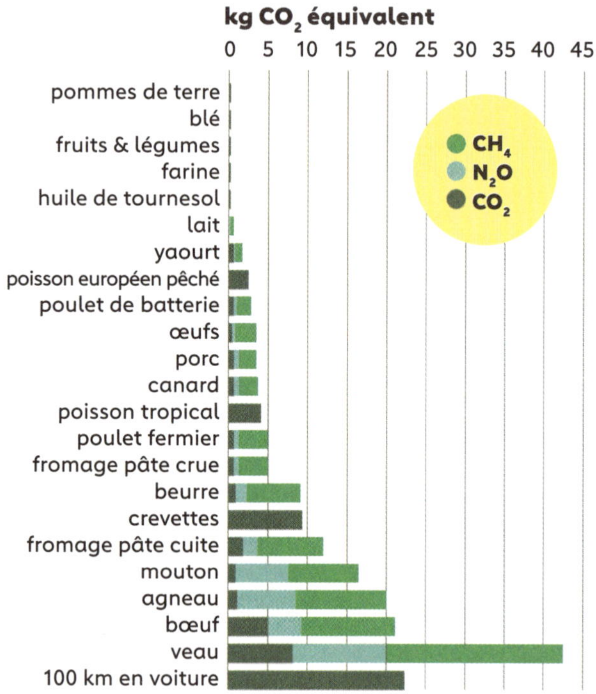

Jancovici.com

et la planète aussi !

1 **Je mange des aliments produits en circuits courts :** 71 % des Français préfèrent acheter des produits locaux quand c'est possible. Ce qui explique pourquoi les circuits courts ont le vent en poupe : vente directe à la ferme, magasins de producteurs et comptoirs locaux, sites de vente en ligne, place du marché, Amap... autant de moyens de défendre une agriculture responsable et écologique.

2 **Je dis stop aux produits avec de l'huile de palme :** 80 % des forêts en Malaisie ont disparu, en grande partie remplacées par des palmiers à huile, un danger pour la biodiversité, le climat et les travailleurs. Ce qui devrait nous pousser à changer nos habitudes alimentaires quand on sait que 80 % des produits alimentaires mondiaux en contiennent.

L'alternative est simple : privilégier des produits locaux comme le miel ou la confiture. Et si vous avez un doute, l'application Kwalito vous évite de tomber dans le piège des listes d'ingrédients incompréhensibles en identifiant les traces d'huile de palme dans la fabrication.

3 **Je mange des produits de saison :** Privilégier les produits de saison comporte de nombreux avantages : des prix plus attractifs, des aliments de meilleure qualité gustative et, forcément, une empreinte réduite sur l'environnement car les aliments de saison n'ont pas besoin d'énergie supplémentaire pour pousser ou arriver jusqu'à vous.

4 **Je réduis ma consommation de viande :** Chaque Français consomme 86 kg de viande et 25 kg de poisson par an. Pour vous lancer, rejoignez le mouvement Lundi Vert pour supprimer la viande de votre assiette le lundi. Un autre petit effort mais aux répercussions conséquentes est de remplacer la viande rouge que vous consommez par du poulet qui a un bilan carbone 4 fois moins important. Enfin, chacun voit midi à sa porte mais l'idéal reste encore de supprimer définitivement la viande et le poisson (et leurs produits dérivés) de votre alimentation, autant pour des considérations écologiques qu'en termes de respect des animaux.

Un choix fort qui marque une vraie mise en accord de nos valeurs avec nos comportements.

Astuce

Etiquettable est une application collaborative de cuisine qui vous aide à bien comprendre les enjeux de l'alimentation. Elle propose des infos et astuces pour cuisiner de manière plus écoresponsable, des recettes anti-gaspi ou encore des bons plans de restaurants engagés.

En bonus dans les outils détachables

Le calendrier des fruits et des légumes de saison pour savoir enfin quoi acheter quand on fait ses courses tout au long de l'année.

Un modèle de lettre à envoyer à son maire dans le cadre de la campagne *Cantine verte de Greenpeace France* afin de demander la mise en place de repas végétariens à la cantine, en ligne avec la loi Agriculture et Alimentation.

Pour faire soi-même

Reprendre le contrôle de son alimentation, c'est aussi se reconnecter à celle-ci en produisant une partie de ce que l'on mange. Et même si tout le monde n'a pas un jardin pour faire pousser les fruits et légumes permettant d'atteindre l'autonomie alimentaire, nous pouvons tous faire pousser nous-mêmes nos herbes aromatiques pour réapprendre le rythme des saisons et redécouvrir comment semer dans notre quotidien le cycle de la vie.

Le calendrier des herbes aromatiques à faire pousser chez soi (pensez à bien acheter des graines bio et à respecter les conseils notés au dos du paquet)

persil

avril
mai
juin
juillet
août
septembre
octobre
novembre

origan

avril
mai
juin
juillet
août
septembre
octobre

menthe

mai
juin
juillet
août
septembre
octobre
novembre

ciboulette

avril
mai
juin
juillet
août
septembre
octobre

sauge

mai
juin
juillet
août
septembre
octobre
novembre

basilic

juin
juillet
août

romarin

avril
mai
juin
juillet
août
septembre

thym

juin
juillet
août
septembre

oseille

mai
juin
juillet
août
septembre
octobre

aneth

juin
juillet
août
septembre
octobre

deco.fr

1 **Je fais repousser des légumes :** Saviez-vous qu'il existe des légumes mais aussi des aromates (et des fruits aussi) qui repoussent à l'infini ? À condition que vous ayez gardé la partie qui repousse, laitue, oignons verts, poireaux, ail, gingembre, pomme de terre, céleri, basilic, fenouil, citronnelle et même ananas vous redonneront de quoi remplir votre assiette une nouvelle fois. Il suffit d'être patient.

DIY power ↙

2 **Je cultive des plantes sauvages comestibles :** Vous savez peut-être les reconnaître quand vous vous promenez… Sachez que vous pouvez également introduire dans votre jardin ces plantes sauvages comestibles : ail des ours, pissenlit, trèfle, tilleul, ortie, sureau noir, oseille sauvage, etc. Leurs vertus curatives sont multiples et ces saveurs apportent une précieuse originalité à vos recettes habituelles.

3 **Je plante des arbres fruitiers dans mon jardin :** Les arbres ont tant de choses à nous apprendre ! Rien de tel pour cela que de leur donner le plus de place possible dans nos espaces du quotidien. Si vous avez un jardin, n'hésitez pas à planter les cerisiers, pommiers, abricotiers ou encore figuiers qui vous régaleront tout au long de l'année. Et proposez à votre mairie de faire de même en profitant des jardins publics de votre ville.

4 **Je me lance dans la permaculture :** Tant doit être dit à propos de la permaculture qu'il nous faudrait un livre entier pour aborder cette technique agricole qui est un des leviers les plus importants de nos sociétés à venir. Il existe heureusement de plus en plus de formations et d'ouvrages qui vous permettront de mettre le pied à l'étrier. Pour débuter votre chemin, plus d'infos sur *fermedubec.com*

SILENCE, ÇA POUSSE ! REPRENONS LE POUVOIR DANS NOTRE ASSIETTE !

Pour mobiliser

L'objectif : sensibiliser, démontrer l'inutilité du suremballage et du plastique à usage unique et permettre à chacun de récolter au passage des renseignements pour agir de façon plus écologique.

J'organise une Plastic Attack !

Selon une étude américaine, plus de 6 milliards de tonnes de déchets plastiques ont été produites depuis les années 1950. Parmi ces déchets, 9 % seulement ont été recyclés, 12 % ont été incinérés, et 79 % s'accumulent dans des décharges ou dans la nature. Pour dénoncer ce gâchis, des citoyens se rassemblent et organisent des Plastic Attack dans des supermarchés partout dans le monde.

Voici les 10 commandements pour organiser une Plastic Attack →

(Plus d'infos sur le groupe Facebook de Plastic Attack France)

1. Mobilisez une équipe de personnes motivées et sensibles à ce sujet.
2. Définissez le supermarché dans lequel se déroulera l'événement.
3. Faites une promotion claire et précise de votre événement grâce aux réseaux sociaux.
4. Soyez bienveillant et rassembleur pour fédérer un public le plus large possible le jour J.
5. Contactez le gérant du supermarché visé pour l'informer de vos intentions.
6. Informez les médias de l'organisation de votre événement pour sensibiliser un public plus nombreux
7. Soyez prêt pour toutes les éventualités :
   → prévenez la police municipale ;
   → demandez de l'aide à un photographe/vidéaste pour couvrir l'événement ;
   → préparez des affiches pour assurer une bonne visibilité et une compréhension de l'événement ;
   → préparez des sacs en papier, des cartons et des cagettes pour les clients du supermarché ;
   → pensez à apporter des ciseaux pour retirer les emballages en plastique ;
   → disposez les caddies dans un endroit spacieux et visible pour arrêter les clients qui viennent faire des achats et récupérer leurs emballages s'ils le souhaitent ;
   → prenez de grands sacs pour collecter les emballages.
8. Soyez prêt à répondre aux questions des journalistes (« Qu'est-ce qu'une Plastic Attack ? Quel est votre objectif ? »).
9. Le jour J, arrivez en avance et de bonne humeur pour un événement efficace. Prenez le temps de répondre aux questions, proposez des échanges aux clients du magasin sans forcer ceux qui ne souhaitent pas s'arrêter. Prenez le temps, à la fin, de bien trier les déchets récupérés.
10. Faites un retour concernant l'événement sur vos réseaux sociaux grâce aux photos et vidéos. Contactez les dirigeants du magasin pour leur faire un retour détaillé et renforcer les liens avec eux pour d'éventuelles nouvelles actions.

En bonus dans les outils détachables

Une lettre préremplie disponible en fin d'ouvrage pour prévenir le magasin que vous allez organiser une *Plastic Attack*.

Pour agir collectivement

Manger mieux pour soi et la planète : une envie croissante chez les consommateurs français en quête depuis quelques années d'autres manières de faire leurs emplettes. Face à ce changement d'habitudes, de nombreuses alternatives voient le jour et montrent qu'il est possible de concilier respect de l'environnement, des producteurs et des consommateurs. C'est un vrai cercle vertueux qui se met en place.

Le boom des Amap

Les Associations pour le maintien de l'agriculture paysanne (Amap) constituent une solution viable pour manger sainement tout en apportant un soutien durable aux paysans locaux. Une réciprocité nécessaire pour redonner la priorité à une alimentation locale et de saison. Et ça tombe bien puisque le mouvement des Amap connaît un succès extraordinaire en France depuis le début des années 2000. En France, plus de 2000 Amap regroupent plus de 250 000 membres.

Comment ça marche ?

Une Amap naît en général de la rencontre d'un groupe de consommateurs et de paysans prêts à adopter la démarche. Les Amap permettent à un consommateur de rencontrer directement un producteur. Le premier s'engage, plusieurs mois à l'avance, à acheter un panier hebdomadaire au second. Un panier qui, au rythme des saisons, peut comporter plus ou moins de diversité de produits (fruits, légumes, œufs, fromage, viande...) en fonction de ce que proposent les producteurs.

Les consommateurs en Amap ne courent pas après la standardisation des produits ; pour eux, « manger, c'est agir ». Tout ce qui est produit est consommé. Une règle d'or très gratifiante pour le paysan, puisque son travail est respecté.

Ce système reposant sur une politique de confiance et de proximité a un impact déterminant sur le tissu économique local et sur l'environnement. Privilégier les circuits courts dans l'alimentation permet de limiter les dépenses liées au transport, à la conservation et à la préservation des produits et de réduire fortement les émissions de gaz à effet de serre.

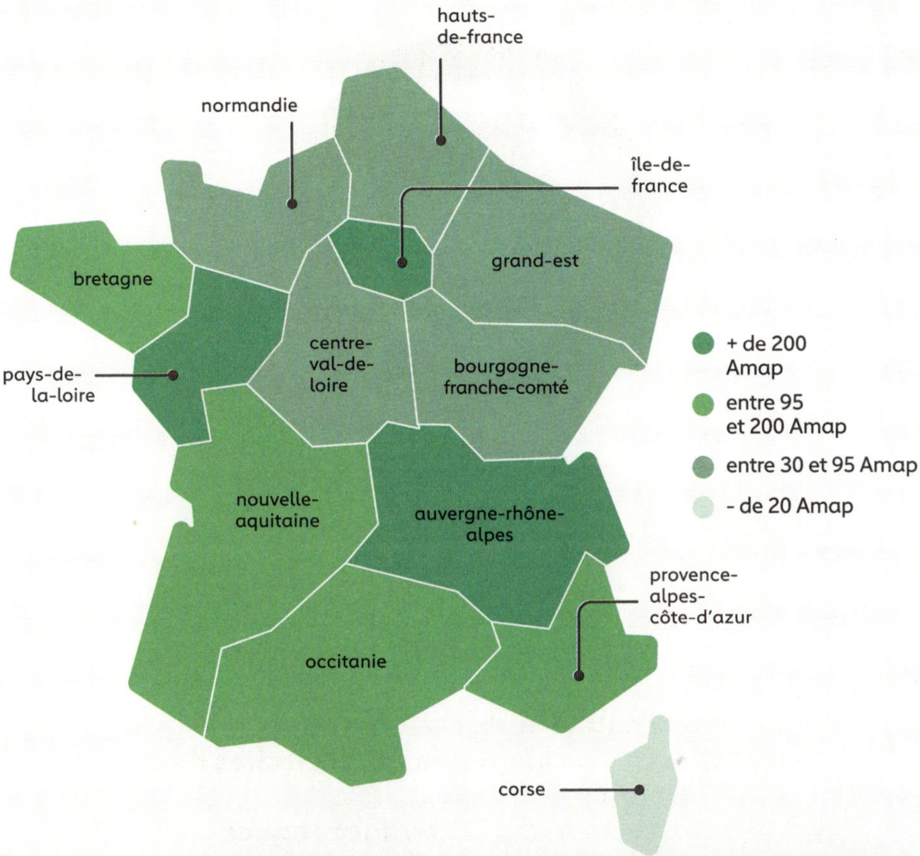

POUR TROUVER UNE AMAP À CÔTÉ DE CHEZ VOUS, RDV SUR

reseau-amap.org ou mira-map.org

D'autres collectifs pour aller plus loin

→ Les supermarchés coopératifs

→ Les Jardins de Cocagne

→ Les Incroyables Comestibles

→ Le Réseau vrac

le shopping

EN CHIFFRES

Plus de **600 milliards de dollars** seront dépensés **en 2019** pour les **campagnes publicitaires dans le monde**. À titre de comparaison, c'est le montant du **budget annuel de la Défense des États-Unis**.

2,5 tonnes, c'est en moyenne le **poids des objets** qu'on accumule **chez soi**, soit l'équivalent d'un gros hippopotame.

La mode émet 1,2 milliard de tonnes de gaz à effet de serre chaque année. Son impact est plus important que les vols internationaux et le trafic maritime réunis.

Les objectifs pour 2030

Mettre fin aux publicités

en ligne intégrées aux sites Internet

1 kg

Limiter la quantité de vêtements

qu'un Français
peut acheter chaque année

Normaliser la location des vêtements

qu'on porte à certaines occasions
(mariage, grossesse, etc.)

Relocaliser la production

de nos objets dans les pays
où ils sont achetés

Pour commencer

Notre consommation est un grand jeu qui se répète : acheter, utiliser, jeter, acheter, utiliser... et plutôt que de continuer à l'alimenter, on peut en rebattre les cartes en abandonnant tous les objets jetables qui peuplent notre quotidien.

le jetable quitte la table

1. **J'achète des piles rechargeables plutôt que des piles jetables dont les matériaux sont très polluants :** N'oubliez pas de déposer vos piles usagées dans les points de collecte prévus à cet effet.

2. **Je remplace les cotons démaquillants jetables par des disques en tissu lavables :** Vous pouvez les acheter bio ou les faire vous-même avec du vieux linge de maison.

3. **J'utilise des mouchoirs réutilisables en tissu plutôt que des mouchoirs jetables en papier :** Vous pouvez également faire les vôtres en tissu upcyclé.

4. **J'utilise un oriculi en bambou pour me nettoyer les oreilles plutôt que des cotons-tiges jetables :** L'oriculi de la marque zéro déchet Lamazuna fait très bien son boulot.

5. **Je remplace les protections périodiques jetables par une coupe menstruelle ou une culotte menstruelle :** Les deux solutions sont très vite rentabilisées et apportent même souvent plus de confort que les alternatives jetables.

6. **J'achète une brosse à dents à tête interchangeable *made in France* pour ne plus avoir à jeter toute la brosse à chaque fois :** Les brosses à dents Bioseptyl sont une référence dans le domaine.

Le coup de pouce

Il n'est pas toujours évident de trouver les produits durables dans les magasins « classiques ». Pour identifier les magasins écoresponsables à côté de chez vous, aidez-vous de la carte collaborative disponible sur *transiscope.org*

Pour faire des économies

Mieux consommer est un premier pas déterminant vers plus d'écoresponsabilité. Cet effort ne se limite pas aux choix qualitatifs des objets du quotidien mais à leur quantité en faisant la distinction entre besoins et envies.

Et si, pour faire des économies, il suffisait de tout simplement moins acheter ?!

1. **Je ne cède plus à mes envies sur un coup de tête :** Quand vous avez un coup de cœur, résistez quelques jours avant de céder pour ne pas entasser un nouvel achat dont vous vous lasserez rapidement.

2. **Je fais ressemeler mes chaussures :** Plutôt que de changer de chaussures, si vous les faisiez ressemeler ? Un geste écologique, économique et qui encourage le savoir-faire des artisans.

3. **Je reprise mes vêtements abîmés :** Recoudre les petits accrocs de ses vêtements est un excellent moyen d'optimiser leur durée de vie pour en changer moins souvent.

4. **J'achète mes objets d'occasion :** Si vous n'avez pas le choix, pensez à l'occasion sur des sites comme le Label Emmaüs, C'est bon esprit ou Leboncoin.Dans la « vraie vie », les ressourceries, les friperies et les boutiques Emmaüs sont une alternative réjouissante.

Je calcule mon revenu induit par mes besoins

Convertissez vos besoins en somme d'argent nécessaire pour reprendre le contrôle :

me loger :	**m'informer :**	**autre :** ....
€	€	€
me nourrir :	**placer mon argent :**	**mon RIB est de :**
€	€	€
me vêtir :	**me déplacer :**	**je dois donc travailler :**
€	€	H

L'astuce

Pour savoir si ça vaut vraiment le coup de « passer à la caisse », utilisez la méthode *BISOU* présentée par Marie Duboin-Lefèvre et Herveline Verbeken dans leur livre *J'arrête de surconsommer ! 21 jours pour sauver la planète (et mon compte en banque !)* (Eyrolles, 2017) :

Besoin : à quel besoin répond cet achat ?

Immédiat : me faut-il cet objet tout de suite ?

Semblable : n'ai-je pas déjà un objet similaire chez moi ?

Origine : où est-ce que l'objet a été fabriqué ?

Utile : est-ce que cet objet améliore vraiment ma qualité de vie ?

Les écoloHumanistes

Pour vivre mieux

Avec plus de 100 milliards de vêtements vendus chaque année dans le monde, l'industrie du textile pèse énormément sur l'environnement. Et l'argent dépensé par les Français chaque mois est un coût d'autant plus important que l'on sait qu'un Français porte en moyenne ses vêtements moins de 10 fois.

Que de bonnes raisons pour libérer ses placards et ralentir le rythme des machines à laver !

Chaque année, trop de vêtements...

100 milliards
de pièces textiles vendues dans le monde

4 M de tonnes jetés
en Europe, 5 millions de tonnes de vêtements sont produits, 4 millions sont jetés neufs ou après quelques usages

1/3 invendu
1/3 des vêtements produits n'est jamais vendu (600 000 pièces en France)

... et trop souvent !

500 000 tonnes de microparticules de plastique
sont rejetées dans les océans quand nous lavons nos vêtements, soit l'équivalent de plus de 50 milliards de bouteilles en plastique

1,2 milliards de tonnes de gaz à effet de serre
émis par l'industrie de la mode soit 2 % du total mondial

4 % de l'eau consommée
dans le monde est utilisée par l'industrie textile

1, 2, 3, action ! ↙

1. **Je trie mes habits, donne à des associations et remets au-dessus de la pile ceux que je porte vraiment.**

2. **Je m'habille dans les friperies et boutiques de seconde main :** Une solution à la mode, et pour cause : on y fait des trouvailles de qualité à moindre coût !

3. **Je choisis les matières premières bio :** L'industrie textile utilise le quart des insecticides dans le monde pour 2,4 % des surfaces cultivées et est le deuxième plus grand pollueur d'eau douce de la planète : privilégier des textiles bio est une excellente manière d'endiguer ce fléau.

4. **Je loue (ou emprunte) les vêtements pour certaines occasions ponctuelles (vêtements de grossesse, tenues de soirées, mariages d'amis, etc.) :** Dans ces cas, la location est plus appropriée que l'achat.

5. **J'achète des vêtements *made in France* :** Acheter moins et acheter mieux en choisissant la qualité *made in France* réputée pour sa durabilité et son côté indémodable (les jeans 1083, les tricots Saint James, les chaussures Kost, etc.) permet d'avoir une penderie respectueuse de l'environnement.

6. **Je ne fais pas les soldes :** Garder une penderie minimaliste dans la durée, c'est aussi savoir éviter les pièges tendus par la grande consommation… et les soldes en font bien évidemment partie. Pour éviter d'acheter des choses dont vous n'avez pas besoin, fuyez les prétendues « bonnes affaires » qui alimentent une dynamique de casse des prix systématique de la fast-fashion.

☺ Le coup de pouce

Alors que chaque Français jette en moyenne 12 kg de textiles à la poubelle et que seulement $^1/_4$ de nos habits sont recyclés, penser aux boîtes à dons et aux associations (**Emmaüs**, **La Cravate solidaire**, **Le Relais**, **Chaussettes orphelines**, etc.) qui donnent une seconde vie à nos vêtements, c'est déjà faire beaucoup.

L'astuce

Et si vous décidiez de ne rien acheter de neuf pendant une année ? C'est le défi lancé par l'association ***Zero Waste France*** qui vous aide à adopter des bonnes pratiques de consommateur écoresponsable à travers son défi « ***Rien de neuf*** » *riendeneuf.org*

Pour réduire mon empreinte écologique

Sujet trop peu évoqué par les médias et les experts de l'écologie, l'impact sur l'environnement de l'activité des banques est loin d'être négligeable, notamment du fait des investissements climaticides de ces organismes. À l'échelle individuelle, la façon de gérer notre argent pourrait même être notre premier poste d'émission de CO_2...

money **money** ↘

UNE MISSION POUR TOI, COLOMBO

L'astuce

Vous voulez mener l'enquête sur votre banque, renseignez-vous sur *fairfinancefrance.org*, une initiative portée par ***Oxfam*** et ***Les Amis de la Terre*** qui, en coulisse, aident à lever le voile sur les pratiques du secteur bancaire français.

1. **Je fais un don gratuit à une association :** Vous pouvez soutenir les projets qui vous tiennent à cœur sans débourser un centime : il suffit d'utiliser le moteur de recherche Lilo, de courir en utilisant l'application Km for Change ou de jouer au Schmilblick sur votre smartphone.

2. **Je soutiens financièrement un projet solidaire :** Que ce soit à travers le microdon en caisse (dans des boutiques Biocoop, Maisons du monde, Truffaut, Nature & Découvertes, etc.) ou en faisant des dons réguliers à des associations, il est vital de soutenir les projets qui participent à préserver et à régénérer le Vivant dans son ensemble.

3. **Je rejoins une banque éthique et solidaire :** En France, les grandes banques continuent à soutenir des projets liés aux énergies fossiles. Le choix de sa banque est un choix décisif et primordial pour influer sur les échanges économiques de notre société. Pour cela, le Crédit coopératif, engagé dans des pratiques éthiques et solidaires, offre un compte courant aux particuliers comme aux professionnels.

4. **J'épargne pour accélérer la transition écologique :** Il existe aujourd'hui une large variété de solutions d'épargne, pour toutes les sensibilités et toutes les bourses :
   - agriculture : Terre de Liens / Bluebees ;
   - énergie : Énergie partagée ;
   - transition écologique : La Nef ;
   - solidarité : FCP « Faim et développement » du CCFD – Terre solidaire ; le microcrédit solidaire avec Babyloan.

L'impact de son argent dans les banques françaises

intensité carbone des banques françaises
(émissions annuelles en kg de CO_2 pour 1 000 € confiés à la banque)

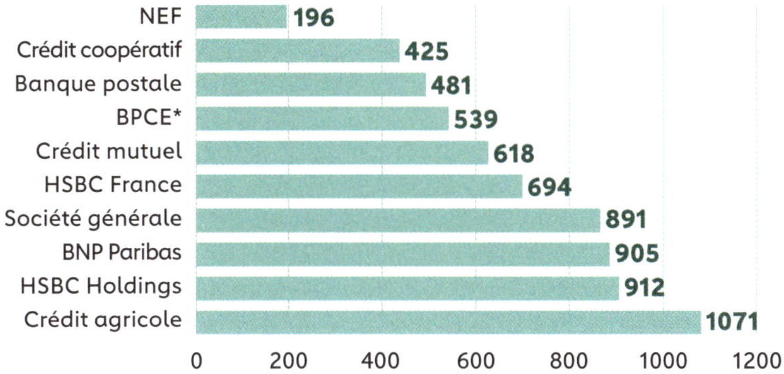

Bilans des banques 2009, données Inrate. Calculs : Utopies 2010
Hypothèse : 5 000 km parcourus / * BPCE = Banque populaire et Caisse d'épargne

Le focus • **Les monnaies locales complémentaires**

Très nombreuses au Moyen Âge où les différentes villes pouvaient émettre leur propre monnaie, la notion de monnaie locale complémentaire a fait son apparition au moment de la crise de 1929, en Autriche, pour contrebalancer les dérives engendrées par la crise financière de l'époque.

Aujourd'hui, plus de 2 500 systèmes de monnaie locale sont utilisés à travers le monde. En 2019 en France, il en existe plus de 40 qui circulent quotidiennement, dont l'eusko au Pays basque qui est la monnaie locale la plus utilisée d'Europe. 1 million d'euskos circulent sur le territoire et 3 000 particuliers, 770 entreprises et 158 communes l'ont adopté.

Complémentaires de l'euro, elles sont utilisées dans le périmètre d'une ville, voire d'une région et permettent de développer l'économie locale en favorisant le commerce et la production de proximité. Un excellent moyen de défendre des valeurs fortes au moment de faire ses courses et de soutenir les commerçants engagés dans la transition écologique !

Pour trouver une monnaie locale complémentaire à proximité, rendez-vous sur *monnaie-locale-complementaire-citoyenne.net/france/*

Pour mobiliser

Ces dernières années, la gratuité des biens (et des services) connaît un véritable essor. Magasin gratuit, communauté de troc, événements ponctuels, etc. offrent de multiples opportunités aux citoyens pour revaloriser et/ou acquérir des objets sans débourser un euro. C'est notamment le cas avec le système du vide-dressing (ou troc party) organisé entre amis, voisins ou collègues de travail à l'occasion duquel les participants proposent gratuitement des vêtements qu'ils ne portent plus.

PAS D'ARGENT, PAS DE TROC : TOUT EST BASÉ SUR LE DON, LA SOLIDARITÉ ET L'ENVIE D'ACCORDER UNE SECONDE VIE À UN BIEN CONDAMNÉ À LA POUBELLE.

Ça marche

Les gratiferias

En 2010 en Argentine, l'idée de « marché gratuit » soulève l'enthousiasme quand un jeune Argentin décide de donner des objets qui ne lui sont plus utiles à l'occasion d'une foire gratuite (*gratiferia* en espagnol).

Arrivé en France dans la foulée, ce mouvement rencontre un vrai succès et des gratifierias s'organisent spontanément dans tous les départements à l'initiative de citoyens convertis et d'associations.

Organiser une gratiferia est très simple : il suffit de définir un lieu, une date et d'annoncer l'événement. Chaque participant apporte les objets dont il n'a plus l'utilité et qu'il souhaite donner, avec l'idée que ceux qui en ont l'utilité peuvent se servir gratuitement, sans contrepartie (si ce n'est le plaisir de l'échange).

À noter que la gratiferia ne se limite pas forcément aux biens matériels puisque des performances artistiques ou des échanges de compétences peuvent être proposés.

Si l'envie vous prend d'organiser une gratiferia, quelques points de rappel sont à garder en tête :
→ Les objets apportés doivent être en bon état !
→ Il n'est pas permis de tout s'approprier pour aller ensuite le revendre plus loin !

Cette initiative montre bien que le rapport marchand n'est pas le seul modèle existant dans notre société. Pour aller plus loin, il existe une page Facebook qui recense les gratiferias organisées partout en France : @Gratiferias.

Certaines boutiques ont repris le concept de manière permanente comme la Boutique sans argent dans le XIIe arrondissement de Paris ou la Boutique sans étiquette à côté de Bordeaux.

Pour aller plus loin
le troc avec mytroc.fr
et les Systèmes d'échange local

L'échange est une autre alternative intéressante pour obtenir des biens sans sortir son porte-monnaie. En France, il existe plus de 600 SEL (Systèmes d'échange local) organisés autour de ce principe. Un système qui facilite l'échange de produits mais aussi de services au sein d'un groupe circonscrit, généralement constitué en association.

Encourager la solidarité et créer du lien social est l'objectif des membres de ces groupes qui ont chacun une unité propre. Pour trouver le SEL le plus proche de chez vous : *annuairedessel.org*

Sur Internet, le troc se développe également à vitesse grand V avec *mytroc.fr* qui propose une plateforme interactive sur laquelle plus de 100 000 utilisateurs se sont déjà échangé des dizaines de milliers de produits.

Pour agir collectivement

Pour mettre plus de produits issus du commerce équitable dans votre panier

↓

les labels sur le marché français

les labels nord-sud

les labels origine France

les labels universels

S'organiser pour acheter différemment : le commerce équitable

À l'opposé du commerce classique qui exploite les producteurs et puise dans les ressources qui s'épuisent, le commerce équitable tente de promouvoir un système plus égalitaire et respectueux.

En 2018, sur des produits labellisés, son chiffre d'affaires a frôlé les 1,3 milliard d'euros même si le panier moyen par habitant à l'année n'est que de 19 euros. Ce qui laisse une importante marge de progression.

Focus sur une association •

Le boycott bienveillant avec I-Boycott

Encourager les entreprises vertueuses est fondamental et dénoncer celles qui maintiennent des pratiques climaticides et écocides est indispensable. La plateforme I-boycott propose un contrepoids citoyen aux grandes marques peu scrupuleuses.

En 2019, plusieurs campagnes sont en cours. Elles concernent des marques telles que Coca-Cola (pour son utilisation de l'eau potable et le recyclage de ses bouteilles en plastique), LU (pour l'utilisation de l'huile de palme dans sa gamme) ou encore Lactalis (pour la sous-rémunération des producteurs de lait français).

Aujourd'hui, une communauté de plus de 200 000 « consom'acteurs » s'est rassemblée et elle compte plusieurs victoires à son actif : en 2016, un appel au boycott de Petit Navire du fait de son utilisation de la pêche au DCP (dispositif de concentration de poissons) a forcé la marque à s'y reprendre à deux fois pour convaincre les « consom'acteurs » de mettre un terme à leur boycott. À noter également la fin du partenariat de la marque Oasis avec les cirques Pinder accusés de maltraiter ses animaux.

À l'heure de l'écriture de ce guide de bonnes pratiques, de nombreuses autres campagnes sont en cours et ont besoin de votre soutien, comme celle qui cible l'optimisation fiscale de Starbucks France, ou celle qui demande à la Société générale de mettre un terme à ses investissements dévastateurs pour l'environnement, ou encore l'appel fait à H&M pour exiger la protection de ses ouvriers.

Pour agir, rendez-vous sur *i-boycott.org*

Ça marche • **Le Greenfriday**

En 2017, le Green Friday a été initié par Envie pour s'opposer au Black Friday qui, chaque année, à la fin du mois de novembre, pousse à la surconsommation irresponsable dans le monde entier à grands coups de promotions.

Un collectif d'associations et d'entreprises (Dream Act, Envie, Ethiquable, Emmaüs France, etc.) a décidé de se serrer les coudes pour lancer un contre-mouvement en faveur de la consommation responsable.

Concrètement, les entreprises participant à l'opération ne proposent pas de réductions à leurs clients le jour du Black Friday et s'engagent à reverser 15 % de leur chiffre d'affaires de la journée au profit d'une cause juste. En parallèle, les associations du mouvement organisent dans toute la France des événements de sensibilisation à la consommation responsable.

L'association compte déjà plus de 180 membres et a bénéficié d'une très forte exposition dans la presse française, alors qu'elle n'existe que depuis deux ans !

SI ENCOURAGER LES ENTREPRISES VERTUEUSES EST FONDAMENTAL, DÉNONCER CELLES QUI MAINTIENNENT DES PRATIQUES CLIMATICIDES ET ÉCOCIDES EST INDISPENSABLE.

les loisirs

EN CHIFFRES

707 millions de cadeaux sont offerts aux enfants **à Noël** tout autour du monde, ce qui représente **1,2 million de tonnes de paquets cadeaux**.

8 %, c'est ce que représente l'**industrie du tourisme** (transport, hébergement, shopping, restauration, etc.) en matière d'**émissions de gaz à effet de serre** à l'échelle de la planète.

1 tonne de CO_2, c'est ce qu'émet **un aller/retour Paris-New York**, c'est aussi l'**équivalent de la consommation annuelle en chauffage d'un logement** pour une personne.

Les objectifs pour 2030

Offrir une grande majorité des cadeaux de Noël produits localement et/ou de seconde main

Actuellement, $^3/_4$ des jeux et jouets qui sont sous nos sapins viennent de Chine

Redynamiser les trains de nuit avec 15 lignes nationales et 15 lignes internationales

sur 164 millions de passagers aériens en France en 2017, 86 millions volent vers des destinations potentiellement atteignables en train de nuit

Recréer un maillage étroit de cafés associatifs partout en France

pour renforcer la solidarité entre les habitants d'un même quartier tout en facilitant l'accès à la culture pour tous

Systématiser le suivi de la biodiversité tout au long de la scolarité

en intégrant au programme scolaire des projets comme Vigie-Nature école proposé par le Muséum national d'histoire naturelle

Pour commencer

Entre 1986 et 2010, le temps consacré aux loisirs a augmenté de 37 minutes par jour. Et la progression persiste puisqu'en 2018, une nouvelle augmentation de 1 h 44 fait grimper à 11 h 53 par semaine le temps total consacré aux loisirs par les Français. Une bonne nouvelle qui cache un piège : les 2 loisirs les plus plébiscités sont l'ordinateur et la télévision.

SORTONS DE NOS ÉCRANS, IL EST URGENT DE REMETTRE LES LIVRES AU CŒUR DE NOS VIES.

En bonus dans les outils détachables

La charte d'utilisation de la boîte à livres que vous allez installer dans votre voisinage. L'idéal est d'en parler avant avec vos voisins pour en faire un projet collectif et la construire tous ensemble pendant le week-end.

les livres, c'est la vie ↙

1. **Je participe à une boîte à livres** pour recréer du lien avec mes voisins, collègues, dans mon école… tout en donnant une seconde vie à tous ces livres qui prennent la poussière sur mes étagères.
2. **J'achète mes livres dans une librairie mutualiste** plutôt que de passer par les géants du Web aux pratiques douteuses : *lalibrairie.com*
3. **Je vais à la bibliothèque**, là où bat le cœur culturel de nos villes… et en plus c'est souvent gratuit !
4. **J'offre une seconde vie solidaire à mes bouquins** en les donnant à Recyclivre ou à Bibliothèques sans frontière qui organise une grande collecte nationale chaque année.
5. **Je rejoins un groupe de lecture** pour continuer à grandir intellectuellement grâce à la force des livres et du collectif.

Le bon plan

Avec le **BookCrossing**, lire devient une aventure qui connecte plus d'un million de personnes partout dans le monde. Vous êtes curieux ? Plus d'information sur *bookcrossing.com*

Pour faire des économies

Comment le fait d'offrir des cadeaux à son entourage est devenu une telle débauche de ressources et d'argent? D'après une étude du CSA Research pour Cofidis, les Français ont dépensé en moyenne 340 euros par personne pour les cadeaux de Noël en 2018.

Et si on pouvait changer nos habitudes pour aller vers plus d'écoresponsabilité ? Comme on dit, c'est l'intention qui compte, non ?

1 **Je fais un sapin de Noël en récup :** Plutôt qu'un sapin en plastique ou coupé pour quelques semaines d'utilisation, si vous faisiez vous-même votre propre sapin ? En bois, en livres, avec une guirlande lumineuse, il existe une foule de possibilités belles et originales sur Internet pour vous inspirer.

2 **Je fabrique moi-même les déco de Noël :** Inspirez-vous de la nature pour fabriquer votre propre déco avec des pommes de pin, des feuilles tombées à l'automne, des chutes de tissu colorées, des origamis en papier recyclé... Votre seule limite est votre imagination.

3 **J'offre des cadeaux faits maison :** Si vous êtes de ceux qui pensent que le geste compte plus que le budget, il est temps de faire vous-même vos cadeaux : du cadre photo upcyclé au kit SOS cookies dans un bocal, le choix est large.

4 **J'opte pour des cadeaux de seconde main :** Plutôt que d'acheter un objet que des milliers d'autres personnes retrouveront sous le sapin, et si vous dénichiez un bel objet d'occasion plein de caractère et d'authenticité cette année : vieille radio, joli chapeau, vinyle collector, etc. Il y en pour tous les goûts !

L'astuce

J'offre des cadeaux immatériels : Et si finalement passer du temps avec ceux que vous aimez était le plus cadeau que vous pouviez leur faire ? Visite insolite, massage, concert, chanson personnalisée... ce ne sont pas les idées qui manquent !

Emballer ses cadeaux avec la technique zéro déchet du furoshiki

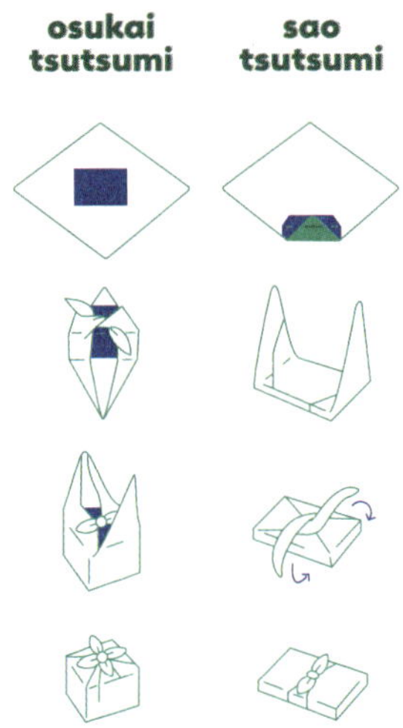

changer → loisirs

Pour vivre mieux

Nous passons de moins en moins de temps dehors. Le temps consacré aux écrans ne cesse de croître pour atteindre aujourd'hui 5,07 heures par jour. Les loisirs de plein air arrivent seulement en 6e place avec 39 % du temps qui leur est consacré, suivis de la gastronomie (32 %) et du sport (31 %). Pourtant, on sait tous les bienfaits de la nature pour notre corps, la compréhension du monde qui nous entoure et le développement de notre sensibilité.

AUX ARBRES, CITOYENS !

Taux de boisement par département

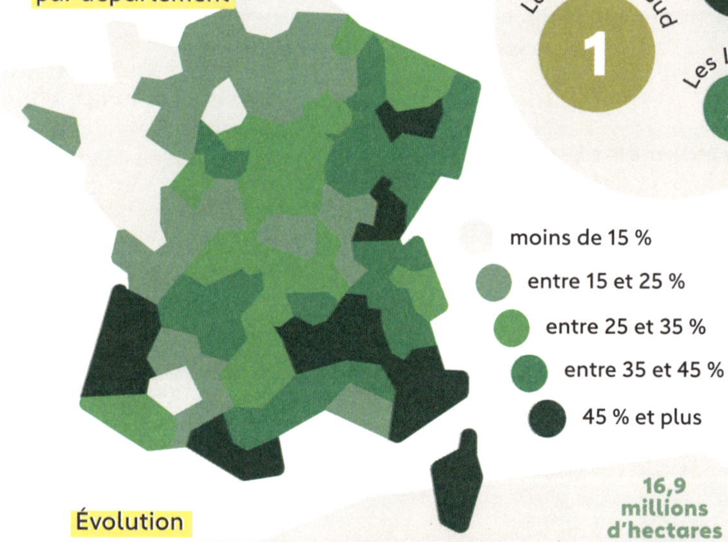

Top 3 des départements les plus boisés

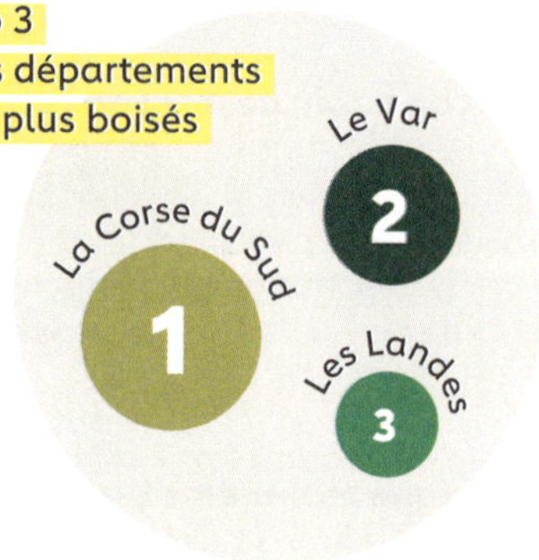

Évolution de la superficie forestière

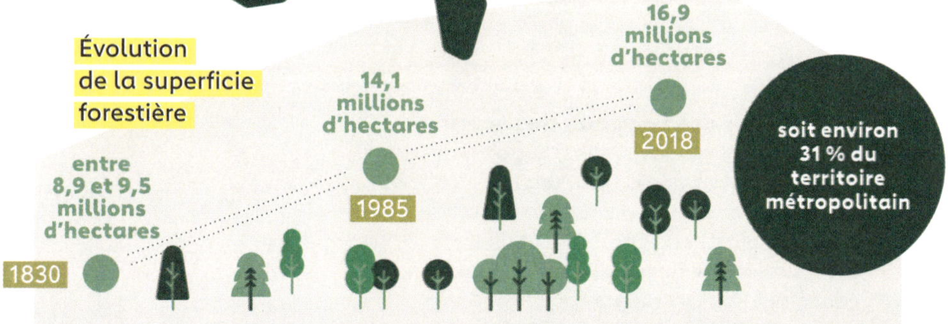

1 **Je me promène en forêt :** Nous avons la chance, en France, d'avoir de magnifiques forêts qui s'étendent à perte de vue sur nos plaines, dans nos montagnes ou contrastent avec le bleu de la mer le long du littoral. Une richesse dont il est urgent de profiter tant le lien à la nature est un besoin essentiel de l'être humain, lien vital pourtant trop négligé. Une belle occasion de vous mettre à la sylvothérapie pour profiter du pouvoir bienfaisant des arbres.

2 **Je nettoie les espaces sauvages :** Vous connaissez le point commun entre une randonnée et une sortie jogging ? Ces deux activités vous donnent la possibilité de nettoyer la nature. Un phénomène qui se développe à toute vitesse sur les réseaux sociaux avec, par exemple, le défi #TrashChallenge.

Pour aller plus loin, n'hésitez pas à rejoindre un collectif de nettoyage près de chez vous : Run Eco Team, Clean Walk ou encore les sorties plogging font des adeptes en France. Et si ça n'existe pas encore dans votre ville, lancez le mouvement avec vos amis !

3 **Je participe à un projet de sciences participatives pour la biodiversité :** Vous voulez contribuer à évaluer l'état de la biodiversité en France tout en découvrant la faune et la flore proche de chez vous ? Grâce au portail Open (Observatoires participatifs des espèces de la nature), rejoignez un observatoire de votre région, il y en a près de 150 en France.

Ça marche • Le World Clean Up Day

En 2018, 200 000 personnes se sont rassemblées pour nettoyer, trier et faire traiter des déchets abandonnés dans la nature et dans les villes. Le nombre de déchets collectés en une journée donne le tournis :

→ 660 tonnes de déchets collectés ;
→ 10 millions de mégots ;
→ 3 000 lieux de collectes partout en France.

L'événement se répète tous les ans, le 21 septembre.

Plus d'informations sur *worldcleanupday.fr* si vous voulez venir grossir les rangs des écocitoyens soucieux de l'état de la planète.

Pour réduire mon empreinte écologique

Le cliché selon lequel il faut absolument prendre l'avion pour profiter de l'aventure et de l'exotisme en voyage a la peau dure et ce ne sont pas les 1,4 milliard de touristes internationaux qui ont voyagé en 2018, soit plus de 44 arrivées par seconde, qui vont dire le contraire. Les amateurs de la micro-aventure luttent contre celui-ci car vivre des vacances vraiment dépaysantes près de chez vous est tout à fait possible, avec peu de moyens et peu de préparation. C'est ce qu'on appelle le Slow Tourisme pour les adeptes du temps lent. Et puis ça tombe bien, la France est un pays aux trésors inépuisables !

La France est le pays le plus visité au monde

ARRIVÉES DE TOURISTES INTERNATIONAUX EN 2017

FRANCE	87 millions
ESPAGNE	82 millions
ÉTATS-UNIS	77 millions
CHINE	61 millions
ITALIE	58 millions
MEXIQUE	39 millions
ROYAUME-UNI	38 millions
TURQUIE	37 millions
ALLEMAGNE	37 millions
THAILANDE	35 millions

globe-trotting.com • 2017

on se bouge les tongs !

VOYAGER EN FRANCE : L'AVENTURE EST AU PAS DE LA PORTE !

1 **Je voyage à vélo :** Avec 15 120 km d'itinéraires aménagés en 2017 et l'objectif d'atteindre 22 780 km en 2030, la France est gâtée. De quoi partir à la découverte de la Vallée de la Loire ou du canal du Midi sans avoir à craindre les voitures qui vous frôlent à toute vitesse. Et pour les plus courageux, vous pouvez rejoindre une des 9 EuroVelo-routes présentes sur le territoire pour partir à la découverte de l'Europe. Avec ses 8 186 km, la véloroute de l'Atlantique va de la Norvège (Cap Nord) jusqu'au Portugal (Sagrès) en passant par l'Écosse, l'Irlande, l'Angleterre, la France et l'Espagne. De quoi rêver !

2 **Je fais de la randonnée :** La France compte plus de 180 000 km de sentiers balisés qui ravissent les amoureux de la nature. Et si vous avez un peu de temps, pourquoi ne pas vous lancer sur un des fameux « GR », les sentiers de grande randonnée permettant d'effectuer des randonnées pendant plusieurs semaines ? Parmi les plus beaux, le GR 58 qui fait le tour du Queyras, le GR 20 qui traverse la Corse ou encore le GR 34, aussi connu sous le nom de sentier des Douaniers, qui fait le tour de la Bretagne.

3 **Je passe des vacances sportives :** Profiter d'un magnifique site naturel, faire du sport et rencontrer de nouvelles personnes, c'est ce que proposent des associations comme l'UCPA et Les Glénans partout en France. Personnellement, je me suis mis à la voile et j'y prends un plaisir fou sans me ruiner.

4 **Je pars à l'aventure en stop :** Faire une course en stop avec des participants de la France entière, c'est ce que propose la mythique Mad Jacques organisée par le collectif DavaïDavaï. Chaque année, des milliers de participants en binôme parcourent plusieurs centaines de kilomètres pour un week-end plein de surprises.

L'astuce

100 % nature et 0 % pollution en voyageant avec ces quelques objets zéro déchet à toujours avoir avec soi :

→ gourde,
→ couverts et gobelet réutilisables,
→ sacs à vrac,
→ savon de Marseille solide,
→ mouchoir en tissu.

Pour faire soi-même

Je pars à la rencontre de l'Autre : sortir des sentiers battus et partir à la rencontre des locaux, est-ce que ça ne serait pas la meilleure chose à faire pour vraiment transformer chaque voyage en aventure ? Car finalement, quand on raconte à notre entourage nos dernières vacances, ce sont souvent les personnes croisées sur notre route qui occupent la plus grande partie de notre récit. Et ça tombe bien, Internet a permis de créer des chaînes de rencontres pour des millions d'inconnus grâce à des plateformes collaboratives.

Le couchsurfing, une aventure mondiale !

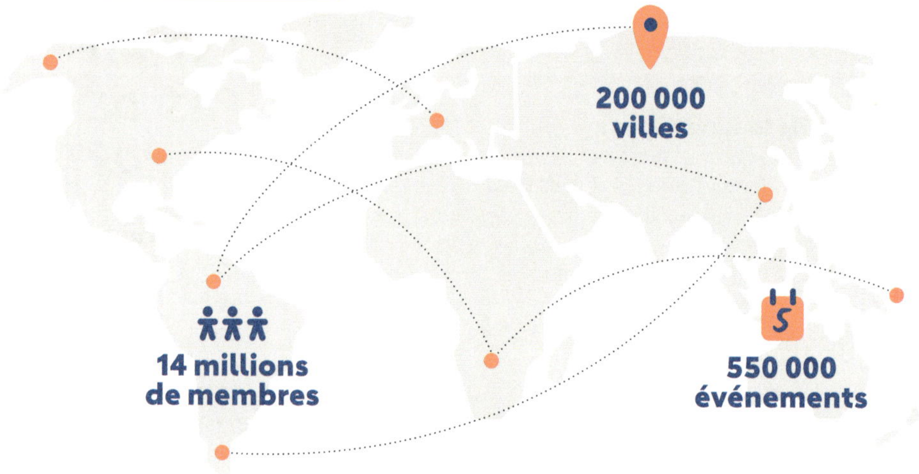

Le bon plan

Trouvez quantité de bonnes adresses lors de vos voyages sur les plateformes collaboratives *Voy'agir* et *FairTrip*.

LES CINQ BONNES RAISONS DE FAIRE DU COUCHSURFING

voyager heureux ↙

1 **Créer des chaînes de rencontres :** Quand on commence à accumuler quelques expériences de couchsurfing, on se rend compte que le monde devient tout de suite beaucoup plus petit, humain et de plus en plus accessible. Une personne rencontrée en Allemagne va nous recommander de rester chez son ami au Pays-Bas, qui va nous donner l'adresse de sa cousine en Suède.

2 **Expérimenter la générosité :** Votre hôte vient vous récupérer à l'aéroport sans que vous le lui ayez demandé et il vous propose de passer une journée en famille avec lui où vous vous régalez de plats délicieux. Ce sont des choses presque « normales » quand on fait du couchsurfing.

3 **Avoir un aperçu de la vie locale :** Aller tondre des moutons en Nouvelle-Zélande ? Fêter la fête nationale autour d'un barbecue avec des Australiens ? Loin des touristes et de leurs guides aux expériences dénaturées, le couchsurfing vous permet de vivre comme des locaux le temps de quelques jours.

4 **Laisser de la place à la surprise dans son voyage :** Loin des voyages où tout est prévu à la minute près, le couchsurfing vous apportera son lot de surprises qui viendront pimenter votre voyage. C'est comme ça qu'on se retrouve à nager avec les méduses ou à faire un karaoké endiablé en chantant des chansons dont on ne comprend absolument pas les paroles.

5 **Voyager à moindre coût :** Si l'aventure couchsurfing est gratuite, apporter un petit cadeau ou préparer un plat traditionnel de son pays est un geste simple qui permettra de nouer des liens plus forts avec vos hôtes. Voyager de « canapé en canapé » vous permet de partir en vacances même si vous avez un petit budget.

D'autres idées pour aller plus loin

→ Grâce au ***WWOOFing***, vivez et apprenez aux côtés d'agriculteurs bio sur tous les continents : *wwoof.fr*

→ Le réseau ***Warmshowers*** qui met en contact les cyclotouristes dans le monde entier : *fr.warmshowers.org*

→ ***L'Association pour un tourisme équitable et solidaire*** (Ates) vous donne la possibilité de vivre des expériences uniques dans plus de 50 pays : *tourismesolidaire.org*

→ ***Le Volontariat de solidarité internationale, la mission solidaire*** (*ladcc.org*) ou ***le Service volontaire européen*** (*servicevolontaireeuropeen.fr*) permettent de vivre une expérience interculturelle d'entraide au long court.

Pour mobiliser

La Disco soupe est un mouvement solidaire et festif qui sensibilise au gaspillage alimentaire.

Pour organiser votre propre événement ou rejoindre une Disco soupe existante, c'est sur discosoupe.org que ça se passe.

J'organise une Disco soupe

Créée en 2012, l'association accompagne et soutient les bénévoles qui veulent organiser une Disco soupe dans leur ville. Le Jour J, les Disco soupes (ou Disco salades, Disco smoothies, etc.) sont des moments ouverts pendant lesquels les bénévoles cuisinent des fruits et légumes récupérés, dans une ambiance musicale et festive. Les soupes, salades, jus de fruits ou smoothies préparés dans la journée sont ensuite redistribués à tous gratuitement.

Les Disco soupes sont de véritables zones de convivialité éphémères dans l'espace public. Les participants sont heureux de cuisiner ensemble et fiers de revaloriser des aliments qui auraient dû terminer leur vie à la poubelle.

Dans une logique open source, chacun est libre d'organiser lui-même sa propre Disco soupe à la condition que celle-ci respecte **les « discommandements » :**

1. Des légumes disqualifiés car biscornus mais très goûtus tu sauveras.
2. Des musiciens à cette grande fête tu convieras.
3. La participation de tous pour éplucher, cuisiner et déguster tu encourageras.
4. Dans un lieu ouvert à tous tes marmites tu installeras.
5. Seule la parole anti-gaspi tu diffuseras, et loin des partis politiques ou religieux tu resteras.
6. L'esprit récup toujours te guidera.
7. La gratuité ou le prix libre pour tous tu respecteras.
8. Aucun logo d'entreprise et de marque sur tes outils de communication tu n'apposeras.
9. Les règles d'hygiène et de sécurité tu n'oublieras pas.
10. La convivialité partout tu répandras.

Ça marche • **Les jeux de société coopératifs**

Les jeux de société coopératifs sont des jeux où tout le monde gagne ou perd ensemble. Les joueurs mettent au cœur de la partie les valeurs de solidarité et d'entraide pour atteindre un objectif commun. Terminée, la compétition, vous n'avez pas besoin d'écraser les autres pour gagner.

Les jeux de société coopératifs permettent donc de questionner notre rapport à l'autre et notre intégration dans le groupe. Pourquoi est-ce si important de gagner ? Comment s'écouter dans un groupe ? Qu'est-ce qui fait que j'ai passé un bon moment ?

Pour vous lancer, Hanabi, Andor ou encore Les Chevaliers de la Table ronde sont d'excellents choix.

TERMINÉE, LA COMPÉTITION. VOUS N'AVEZ PAS BESOIN D'ÉCRASER LES AUTRES POUR GAGNER !

Le bon plan

Depuis janvier 2015, l'association AccessiJeux s'est fixé comme objectif de rendre le jeu de société accessible aux personnes déficientes visuelles de tout âge, que ce soit dans leur sphère privée en leur permettant d'acquérir des jeux adaptés à leur handicap au prix juste, ou dans les lieux publics, en équipant notamment les ludothèques et médiathèques partout en France. L'association gère également une ludothèque, dans le XIIe arrondissement de Paris, qui propose plus de 600 jeux, dont 160 accessibles aux déficients visuels.

Plus d'infos sur *accessijeux.com*

Pour agir collectivement

Pour trouver un café associatif à côté de chez vous et devenir bénévole, rendez-vous sur : resocafeasso.fr ou sur le groupe Facebook @Barsassociatifsdefrance.

Le boom des cafés associatifs

Café solidaire, bar associatif, café librairie, café associatif et culturel, café culturel, café lecture, café littéraire, café des enfants, café associatif artistique, etc. Les intitulés sont nombreux mais le cœur du projet est le même : réanimer le centre des villages et recréer du lien entre les habitants d'un même quartier.

Une mission fondamentale à l'heure où l'organisation des villes françaises est en profonde mutation. En 1960, la France était riche de 600 000 bistrots : il n'en restait plus que 34 000 en 2016, avec 7 000 cafés qui ferment chaque année dans l'Hexagone malgré le fait que la demande de cafés de proximité soit forte.

Véritable berceau du lien social, les bars renaissent sous une nouvelle forme. Aujourd'hui, il existe des centaines de cafés associatifs partout en France.

D'ailleurs, on les appelle en général « cafés » mais ils sont bien plus polyvalents que ça ! Tour à tour dépôt de pain, salle de concerts, braderie, restaurant, salle de formation en anglais ou pour mettre à jour son CV, d'exposition d'art... ces lieux sont des pépites culturelles et sociales mais aussi parfois le centre de toutes les décisions stratégiques du village.

Ça marche • **Le Social Bar**

À Paris, il y a un bar pas comme les autres. Détenu par 175 copatrons, le Social Bar reverse 50 % de ses bénéfices à des associations. Là-bas, tout est fait pour créer de la convivialité entre inconnus : le Social Dé, les Social Défis, le Social Phone, le Social Chifoumi géant et encore une dizaine d'autres concepts d'animation inventés par les gérants qui passent au moins autant de temps à créer du lien entre les clients qu'à leur servir des verres.

Le mardi on y danse, le mercredi on y chante, à midi, on y mange des plats frais faits maison, certains samedis on y brunche. Créé en 2016, le Social Bar est devenu un lieu de vie incontournable du quartier (proche de la gare de Lyon) et son succès a été immédiat.

Grâce à son accueil unique et à sa programmation intense et originale de plus de 250 événements organisés en deux ans, ce lieu-laboratoire a été élu meilleur bar de Paris deux années d'affilée et on espère qu'il fera plein de petits.

Un festival écolo, qu'est-ce que c'est ?

Offrir un contenu artistique de qualité basé sur de fortes valeurs de partage, d'écologie, d'économie sociale et solidaire, c'est possible. De plus en plus de festivals de musique se mettent au vert et proposent des temps de sensibilisation au climat, à la biodiversité et à l'écologie.

Quelques exemples :

→ **Terres du son** à Tours ;

→ **Darwin Ocean Climax** à Bordeaux ;

→ **Cabaret vert** à Charleville-Mézières ;

→ **Vieilles Charrues** à Carhaix ;

→ **Woodstower** à Lyon ;

→ **We Love Green** à Paris.

le bien-être

EN CHIFFRES

3 milliards, c'est le **nombre de boîtes de médicaments** qui sont **consommées en France chaque année**.

24 heures et 36 minutes, c'est le **temps que passe un Français chaque mois sur son smartphone**. Une tendance en hausse chaque année.

15 000 dollars de PIB par habitant et par an, c'est le seuil du paradoxe d'Easterlin à partir duquel, malgré un surplus de richesses, **le sentiment de bien-être n'augmente que peu ou plus**.

3 h 42, c'est le **temps passé** en moyenne par les Français **devant leur télévision chaque jour** de 2017.

Les objectifs pour 2030

Intégrer dans les programmes des écoles
la pratique quotidienne de la méditation

Fixer une durée d'utilisation limite

à partir de laquelle rester devant un écran peut nuire à la santé, les neurosciences ayant démontré les risques de la surconsommation en la matière

Bannir totalement les perturbateurs endocriniens des cosmétiques

Reconnaître et rémunérer le travail domestique ou de soutien familial

Les femmes exercent la quasi-totalité des activités non rémunérées, tout en ne disposant que de 10 % des revenus mondiaux, alors même qu'elles fournissent $^{2}/_{3}$ des heures travaillées

Faire cohabiter les crèches et les maisons de retraite

Une manière concrète de renforcer les liens intergénérationnels et de redonner du sens au quotidien de nos aînés, d'autant plus importante quand on sait qu'en 2050, un Français sur trois aura plus de 65 ans

Pour commencer

En 30 ans, le temps passé devant un écran par les Français a triplé, passant de 167 minutes à 476. Et l'ordinateur supplante peu à peu le téléviseur. Il est urgent de reprendre le contrôle de son temps !

Le coup de pouce : portez une montre !

Cela peut vous paraître antinomique quand on parle de ralentir et pourtant avoir une montre à son poignet permet de regarder moins souvent son téléphone, et donc d'avoir plus de temps pour profiter de sa journée.

Les temps que les Français passent chaque jour devant les écrans

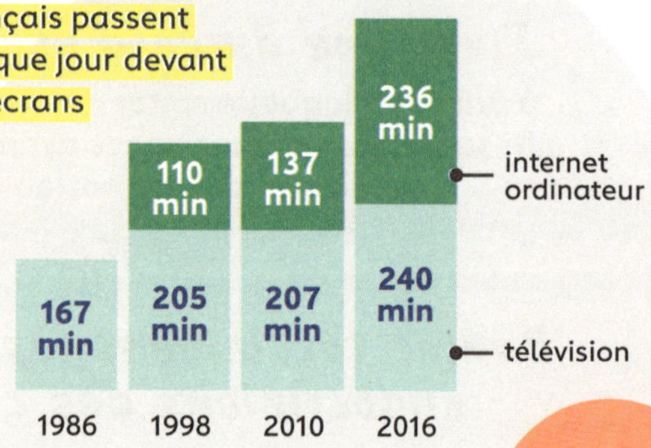

contrôle ton temps !

1. **J'éteins ma télévision :** Allumer la télévision est devenu un geste automatique pour bon nombre d'entre nous qui la regardons plus par réflexe que par réelle volonté. Et si éteindre notre télévision était le meilleur moyen d'en profiter… pour mieux l'allumer de temps en temps en sachant à l'avance ce qu'on va regarder ?

2. **Je n'utilise plus mon téléphone comme réveil :** $^{1}/_{4}$ des Français consulterait son smartphone avant de s'endormir et/ou en se réveillant le matin. Une mauvaise habitude qui perturbe la qualité de notre sommeil et qui ne nous fait pas forcément commencer la journée du meilleur pied.

3. **J'apprends à m'ennuyer :** Chaque jour, les propriétaires d'un smartphone le déverrouillent à 80 reprises, soit cinq à six fois par heure. Une utilisation particulièrement concentrée pendant les pauses, dans les transports en commun, entre deux réunions, dans la queue d'un magasin ou quand on attend quelqu'un… Pourtant, s'ennuyer est un « mal » nécessaire qui nous permet de digérer notre trop-plein de la journée, de renouer avec nous-mêmes et de laisser libre court à notre créativité.

Pour faire des économies

Les perturbateurs endocriniens sont des substances perturbant le système hormonal. Ils auraient un impact négatif sur le système reproductif ou le développement des fœtus et nouveau-nés et faciliteraient l'apparition de cancers.

S'ils se trouvent dans notre alimentation, ils sont également très présents dans nos produits cosmétiques. Heureusement, nous pouvons attaquer ce problème à la source en fabriquant nous-mêmes nos produits, une habitude bonne pour notre santé et notre porte-monnaie...

on met les mains à la pâte !

Le dentifrice

Dans un pot en verre → Mélangez 1 cuillère à soupe de bicarbonate de soude + 3 cuillères à soupe d'argile blanche + 5 gouttes d'huile essentielle de menthe poivrée.
→ Refermez le bocal et secouez bien.
→ Humidifiez votre brosse à dents et tapotez doucement le mélange avant chaque brossage.

Le déodorant

Dans un petit bocal → Mélangez 5 cuillères à soupe d'huile de coco biologique et équitable + 3 cuillères à soupe de bicarbonate de soude alimentaire + 2 cuillères à soupe de fécule de maïs → Une fois que le mélange est bien homogène + 3 gouttes d'huile essentielle de palmarosa → Appliquez sous les aisselles en très petite quantité.

Le baume à lèvres

Au bain-marie → Faites fondre dans un petit pot en verre 1 cuillère à soupe de cire d'abeille + 4 cuillères à soupe d'huile végétale (noisette ou jojoba par exemple) → Remuez bien et laissez refroidir avant application.

Le bon plan

Si vous n'êtes pas des pros du « fait maison », *Lamazuna* a de super produits naturels et zéro déchet. Vous trouverez plein d'autres recettes sur *consommonssainement.com* et *slow-cosmetique.org*

Bien choisir son savon de Marseille : C'est l'un des ingrédients clés de vos produits cosmétiques et d'hygiène zéro déchet mais attention à ne pas tomber dans le piège du marketing. En effet, rares sont les savonneries qui proposent des produits de bonne qualité. Pour en citer quelques-unes : *Marius Fabre*, *Le Sérail*, *Le Fer à Cheval*, *Gaiia* ou encore *La Corvette*.

Pour vivre mieux

C'est souvent au moment d'être parents pour la première fois que l'on prend conscience de tous les produits toxiques qui peuplent notre quotidien. Armés de bonnes intentions, les néo-parents veulent réserver à leur progéniture le meilleur des accueils mais la vie zéro toxique (et encore plus zéro déchet), même pour les bébés, est un chemin semé d'embûches.

Couches lavables *vs* couches jetables

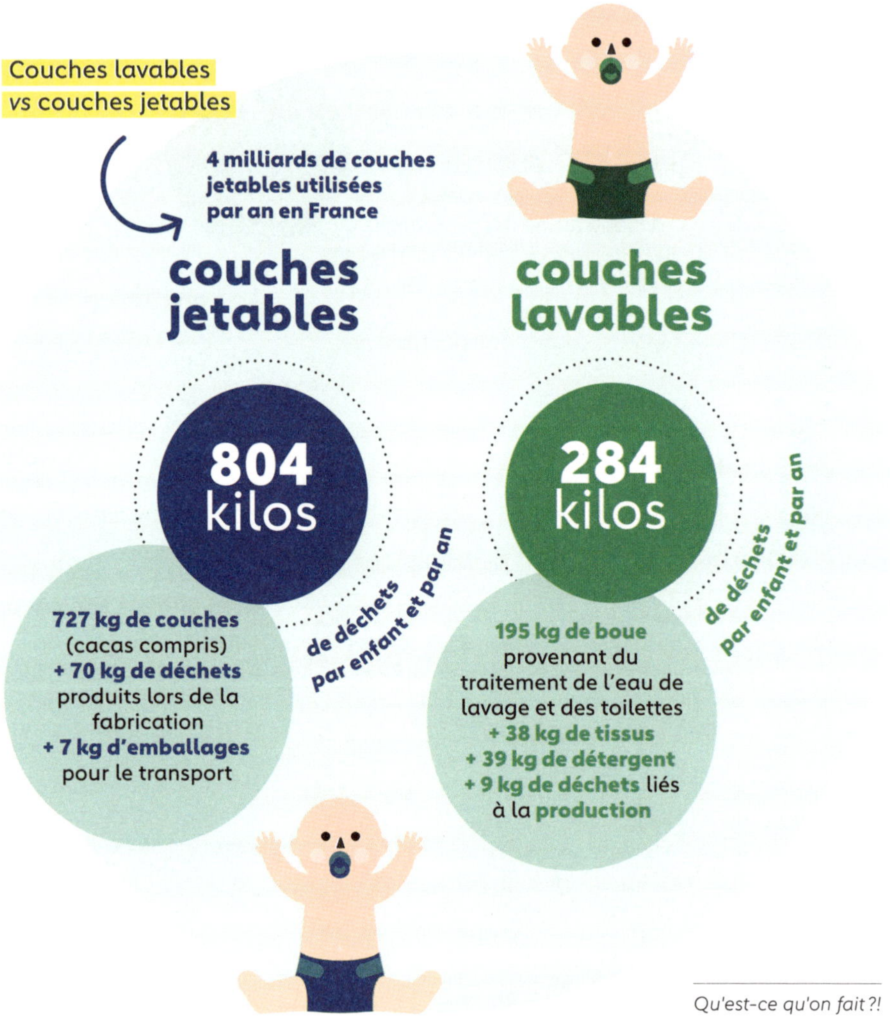

action bébé ↙

1 **J'achète des vêtements d'occasion :** Débarrassés des perturbateurs endocriniens présents dans les vêtements neufs, les habits de seconde main sont également un excellent moyen de faire des économies tout en préservant les ressources de notre planète... surtout pour des affaires qui ne seront portées que quelques mois !

2 **J'achète des jeux en bois écolabellisés :** La quasi-totalité des jouets pour enfants sont fabriqués en plastique et proviennent d'Asie. Une aberration à laquelle on peut mettre un terme en privilégiant des jeux en bois bénéficiant des certifications pour être sûrs que son bébé ne mettra pas à la bouche des objets bourrés de produits chimiques. S'ils sont d'occasion, c'est encore mieux !

3 **Je fais du liniment maison :** Pour nettoyer les fesses sales, rien de mieux que la combinaison 50 % d'eau de chaux et 50 % d'huile d'olive alimentaire bio.

4 **J'utilise des lingettes réutilisables :** Fabriquées maison, elles vous permettront de nettoyer votre bébé tout au long de la journée sans remplir votre poubelle. Pour le bain, le savon saponifié à froid est une bonne option.

5 **J'utilise des couches lavables :** Eh oui, je vous vois faire la grimace en lisant ces lignes, et pourtant de nombreux témoignages de parents qui ont sauté le pas pourront vous rassurer. Car si cette nouvelle habitude demande un peu d'organisation, elle permet de réduire considérablement la quantité des déchets produits par son enfant, tout en évitant le contact de la peau avec des produits toxiques. Même au niveau de l'eau, la version lavable consomme deux fois moins que la cousine jetable. Enfin, au niveau du budget, il n'y a pas photo : on parle d'environ 500 euros par enfant d'économie, et encore plus si vous revendez vos couches lavables une fois que votre bébé est propre... Et, oui, vous pouvez tricher en utilisant une ou deux couches jetables de temps en temps quand vous êtes à l'extérieur, personne ne vous jugera !

L'astuce

Pour hydrater la peau de votre bébé (et la vôtre au passage), rien de mieux que l'huile végétale d'argan ou d'amande douce bio.

ON NE LAISSE PAS BÉBÉ DANS UN COIN.

Pour réduire mon empreinte écologique

Et si, pour réduire notre impact sur la planète, il fallait explorer notre «écologie intérieure»? Car finalement, ce qui nous pousse souvent à surconsommer, c'est notre mal-être, notre jalousie, notre manque de confiance en nous, etc. Autant de failles sur lesquelles nous pouvons reprendre le contrôle, si nous osons nous affronter nous-mêmes.

Pour vous lancer dans ce défi de toute une vie, la méditation est un excellent outil qui mériterait bien plus qu'une double-page, tant elle possède des vertus infinies...

méditez ! ↘

1 **La méditation en pleine conscience :** Parfaite pour débuter, la méditation en pleine conscience consiste à garder son attention dans le moment présent. Le but n'est pas de faire le vide dans son esprit mais plutôt de laisser passer les pensées, les sensations, les sentiments, sans s'y attarder.

Ce type de méditation est facilement accessible et ne demande pas de préparation particulière. Son impact se fait très vite sentir et vous permettra d'augmenter votre force de concentration ou d'évacuer un stress passager.

2 **La méditation transcendantale :** Le but de la méditation transcendantale est d'atteindre un état de calme profond grâce à l'utilisation d'un mantra précis qui prend la forme d'un son ou d'une syllabe à répéter à un rythme défini au préalable.

Assez simple à apprendre, elle peut se pratiquer au quotidien et ne nécessite qu'une vingtaine de minutes pour accéder à un état d'apaisement et de conscience modifiée.

3 **La méditation active :** Pour ceux qui ont la bougeotte et qui ne s'imaginent pas rester assis pendant plusieurs dizaines de minutes, il existe la possibilité d'associer une activité spirituelle à une activité physique. Souvent connue sous la forme de marche consciente, la méditation active peut se pratiquer très simplement dans la vie de tous les jours, notamment lorsque vous vous rendez au travail ou sur le chemin du déjeuner.

Le boom des applis pour méditer

Même si le fait de se reconnecter à soi-même en utilisant son smartphone peut paraître contre-intuitif, des millions de Français se servent d'applis pour méditer. Petit BamBou, Méditations avec Christophe André ou encore 7Mind x Les Antisèches... Après tout, si cela vous permet de progresser dans votre pratique et d'atteindre la paix intérieure, pourquoi pas !

Les personnes inspirantes pour aller plus loin

1. Matthieu Ricard et son livre *L'Art de la méditation*.
2. Jonathan Lehmann des *Antisèches du Bonheur*.
3. Christophe André avec son guide *Méditer, jour après jour*.

Ça se passe en ce moment

Dans 370 écoles anglaises, des milliers d'enfants et d'adolescents apprennent la méditation pour améliorer leur bien-être et leur santé mentale. Cette expérimentation programmée jusqu'en 2021 doit permettre aux élèves de s'initier aux techniques de relaxation, de respiration et à la méditation avec des professionnels.

Le but :
Les aider à réguler leurs émotions. Une initiative intéressante sans doute inspirée par le Dalaï Lama qui disait : « Si nous apprenions la méditation à chaque enfant, la violence du monde disparaîtrait en une seule génération. »

Pour faire soi-même

En France, une boîte de médicaments est consommée par personne et par semaine et, selon une étude récente, un senior sur cinq consomme trop de médicaments.

Il est néanmoins intéressant de noter que l'Hexagone connaît la plus faible évolution de la consommation de médicaments sur les quinze dernières années, parmi les autres pays européens. En parallèle, les ventes d'huiles essentielles explosent avec huit millions de flacons vendus chaque année.

JETTE TOI À L'EAU PANORAMIX, DEVIENS LE DRUIDE DE TON VILLAGE.

Les précautions avant de s'y mettre

1. Pensez à bien choisir des huiles essentielles bio. Oui, ça peut paraître cher, mais chaque flacon contient jusqu'à 500 gouttes et vous durera plusieurs mois, voire plus en fonction de votre utilisation.
2. Prenez bien le temps de lire les indications d'usage de chaque huile essentielle avant utilisation. Certaines peuvent provoquer de graves brûlures sur la peau quand elles sont utilisées pures.
3. L'usage des huiles essentielles est contre-indiqué chez l'enfant de moins de 6 ans.
4. N'utilisez jamais les huiles essentielles pures au contact des yeux, du nez, des conduits auditifs et des parties génitales.
5. Certaines huiles essentielles sont photosensibilisantes : ne vous exposez pas au soleil après les avoir utilisées.
6. Il est déconseillé, voire interdit, aux femmes enceintes et allaitantes d'utiliser les huiles essentielles.

Les 10 huiles essentielles indispensables

menthe poivrée → stimulante, rafraîchit et revigore le corps et l'esprit. Combat les nausées, le mal des transports et les migraines.

estragon → antivirale, antispasmodique et anti-allergique par friction et en diffusion. Combat les ballonnements ou règles douloureuses.

eucalyptus → expectorante, débouche le nez et combat les problèmes respiratoires et rhinites allergiques. Énergisante et rafraîchissante.

basilic → revigorante, tonique puissant du système nerveux, permet de combattre le stress et la fatigue. Utilisée en cas de soucis digestifs.

tea tree → antibactérienne, elle combat la fatigue saisonnière et les infections ORL, buccales ou cutanées ainsi que l'acné.

lavande → cicatrisante et régénérante cutanée, combat les infections cutanées (acné, psoriasis, mycoses) et permet la détente avant de dormir.

camomille romaine → douce et apaisante, combat le stress, la dépression et les insomnies. Anti-inflammatoire, elle apaise les irritations de la peau.

citron → purifiante, soigne les peaux grasses, permet l'amincissement et renforce les ongles cassants. Son odeur fruitée purifie la maison.

ravintsara → antivirale et microbicide, permet de combattre les maladies légères telles que la gastro, l'angine, la grippe intestinale, etc.

gaulthérie → anti-inflammatoire et antidouleur, combat les problèmes arthritiques et musculaires : crampes, tendinites, arthrose, rhumatismes…

Pour mobiliser

Tomber amoureux de la planète avec Blue Turn

La plupart des astronautes ayant voyagé dans l'espace reviennent complètement différents : ils ne sont plus russes, américains, français ou chinois… mais Humains. Un changement profond qui porte un nom : l'Overview Effect.

Scientifiquement prouvé, ce choc cognitif a lieu lorsqu'un être humain se rend compte de la place qu'il occupe. En voyant cette minuscule bille bleue que l'humanité habite, perdue au milieu de l'immensité de l'espace, les astronautes se rendent compte de la fragilité de cet écosystème et du miracle extraordinaire qu'est la vie.

Forts de ce constat, des Français ont eu l'idée de mettre bout à bout les images envoyées par une sonde de la Nasa pour faire ressentir l'Overview Effect au reste de l'humanité, restée sur Terre, et donner à tous l'amour de notre belle planète.

MOI, JE L'AIME MA PLANÈTE BLEUE

Les vidéos, entièrement gratuites et libres de droit, font vivre cette formidable expérience pour soi-même, l'entourage mais également lors de séminaires, conférences, spectacles, etc. pour mobiliser le plus grand nombre.

Pour en savoir plus, le site Web *blueturn.earth* et l'application **Blueturn**

Je fais des compliments aux gens que je croise dans ma journée

C'est bien connu, faire et recevoir des compliments rend heureux, et pourtant, nous n'utilisons que trop peu souvent cette arme de propagation massive du bonheur.

Et si on s'engageait à faire plus de commentaires positifs aux gens autour de nous ? D'autant qu'en plus de vous faire du bien, cette énergie que vous transmettrez aura toutes les chances de vous revenir décuplée.

Dans cette optique,
trois pistes sont à creuser :

→ Les compliments gratuits de « Vous êtes super » :

Il suffit de noter cette phrase sur une affiche et de se mettre à un lieu où il y a beaucoup de passage pour donner le sourire aux passants. Les vidéos sur Internet sont très révélatrices.

→ Les compliments en libre-service :

À San Francisco, une habitante a commencé à coller des affiches de compliments dans les rues de son quartier et, devant l'enthousiasme suscité, a lancé le site The Compliment Project (*thecomplimentproject.org*) et 2 millions de compliments ont été distribués dans plus de 8 langues différentes.

→ Les compliments contagieux :

C'est l'histoire d'un professeur qui prend dix minutes pour complimenter ses élèves tous les matins. Au lieu de pointer du doigt les choses à améliorer, ce professeur prend du temps pour mettre en lumière les qualités de chacun et chacune. Et ça marche ! Une fois la surprise passée, les élèves progressent et s'encouragent mutuellement.

Pour agir collectivement

Je rejoins le mouvement

Générations cobayes

L'astuce

Générations cobayes a également lancé une boutique en ligne pour faciliter l'accès à des produits bons pour la santé et pour la planète. C'est par ici que ça se passe : *la-rejouisserie.com*

Générations cobayes a pour mission de sensibiliser les jeunes aux problèmes liés à la pollution environnementale avec comme slogan « Se faire du bien sans se faire de mal » ! Avec une action destinée principalement aux 18-35 ans, l'association aborde les questions du quotidien pour que les Français puissent pousser plus loin leur quête de bonheur et vivre en meilleure santé.

Leurs sujets de prédilection sont nombreux et les récentes campagnes développées par l'association se sont tour à tour intéressées aux nanoparticules, à la pollution intérieure, aux additifs alimentaires, à la sexualité au naturel, aux ondes, aux pesticides ou encore aux perturbateurs endocriniens.

Et leurs événements sont pensés pour toucher un public le plus large possible : ateliers de fabrication de cosmétiques naturels et zéro déchet, apéros de sensibilisation, conférences gesticulées, cours de cuisine pour apprendre des recettes durables... il y en a pour tous les goûts.

Si vous voulez vous joindre à l'aventure, il existe des antennes Générations cobayes sur tout le territoire et des bénévoles sont présents lors de nombreux festivals et événements engagés.

« SE FAIRE DU BIEN SANS SE FAIRE DE MAL. »

Pour aller plus loin, allez faire un tour sur leur site Web : *generationscobayes.org*

Pour faire un pas de plus •

J'éteins les enseignes lumineuses des magasins la nuit

Si vous êtes sensible à la pollution lumineuse créée par les magasins allumés en pleine nuit et que vous voulez réduire l'omniprésence des publicités dans l'espace urbain (et réduire par la même occasion la consommation d'énergie), rejoignez le Clan du néon (aussi connu sous le nom des Pêcheurs d'énergie). Leurs actions visent les enseignes qui restent allumées toute la nuit et consistent à abaisser les leviers des coffrets de coupure situés à l'extérieur des magasins à l'aide d'une tige sur laquelle est fixée un crochet.

Est-ce que c'est illégal ?

Cette démarche est conforme à un arrêté du 25 janvier 2013, paru au *Journal officiel* de la République française, qui est malheureusement loin d'être respecté dans toute la France.

Ça, c'est un coffret de coupure

Pour aller plus loin : *pecheurs-denergie.wordpress.com* et *clanduneon.over-blog.com*

la technologie

EN CHIFFRES

7,7 milliards de smartphones dans le monde. En 2018, il y a **plus de smartphones actifs que d'habitants sur terre**.

En 2018, Internet se classe **derrière la Chine et les États-Unis en matière de consommation d'électricité mondiale** (1 500 TWH par an), ce qui en fait le 3e plus gros consommateur avec l'équivalent de la production de 100 réacteurs nucléaires nécessaires à son fonctionnement.

12 milliards d'e-mails sont envoyés **chaque heure** dans le monde.

4 % des émissions de gaz à effet de serre sont **liées au numérique**. Rien que la consommation mondiale de vidéos en ligne émet autant de gaz à effet de serre que l'Espagne.

Les objectifs pour 2030

÷ 3

Les flux de données consommées

d'ici à 2030, notamment le visionnage de vidéos

× 4

La durée de vie des appareils électroniques

À titre d'exemple, un Français change de smartphone tous les 2 ans environ

Nos données doivent être stockées sur des serveurs dont la chaleur sera utilisée

pour chauffer une pièce ou de l'eau

Nos appareils électroménagers et électroniques sont réparables à vie

grâce à des tutoriels en ligne et à des pièces détachées toujours disponibles et accessibles

L'utilisation d'Internet doit se faire grâce à des logiciels libres

Nos données privées ne doivent pas pouvoir être utilisées et revendues. La navigation sur le Web doit pouvoir se faire sans avoir à supporter la publicité sur chaque nouvelle page ouverte

Pour commencer

Aujourd'hui, impossible ou presque de faire sans la technologie. Pourtant, derrière cette prétendue recherche de confort et de simplicité se cache un immense gâchis : des êtres humains exploités, des ressources pillées, une consommation d'énergie exponentielle et une économie de l'attention qui fait des utilisateurs des êtres plus aliénés que libérés.

REPRENONS LE CONTRÔLE SUR NOTRE UTILISATION DU DIGITAL !

je fais comment ?

1. **J'installe un moteur de recherche solidaire et écologique comme Ecosia ou bien Lilo :** Les revenus publicitaires générés par mes recherches financent des projets d'ONG autour du monde !

2. **Je vide la corbeille de ma boîte mail :** Un e-mail avec une pièce jointe correspond à la consommation électrique d'une ampoule allumée pendant 24 heures.

3. **Je me désabonne des newsletters récalcitrantes :** 90 % des e-mails envoyés dans le monde sont des spams !

4. **Je désactive les onglets de navigateur inactifs avec Tab Suspender :** Les onglets ouverts consomment de l'électricité inutilement quand ils ne sont pas consultés.

5. **J'ajoute mes sites préférés à mes favoris :** Plus besoin de solliciter les serveurs des moteurs de recherche pour accéder à vos sites préférés.

Le coup de pouce

Pas évident de se débarrasser de tous ses spams rapidement, surtout quand nous n'avons pas fait le grand nettoyage depuis longtemps. Heureusement, des solutions existent pour nous faciliter le travail, par exemple **Cleanfox** permet de les supprimer et de se désabonner en un clic.

Pour faire des économies

Le budget high-tech des Français a grimpé en flèche ces dernières décennies. À l'inverse, on a perdu l'habitude de réparer : il est bien plus facile pour tout le monde de racheter plutôt que de chercher à faire durer l'objet que l'on a depuis longtemps… c'est le piège de l'obsolescence programmée !

action !

1. **J'achète des appareils électroniques réparables :** Acheter un appareil facilement démontable, dont les pièces détachées seront disponibles pendant longtemps est le meilleur moyen d'allonger sa durée de vie (comme le Fairphone, les produits d'une marque comme Seb ou la machine à laver l'Increvable).

2. **J'achète mes objets high-tech reconditionnés :** Aujourd'hui, il existe des boutiques en ligne qui proposent des produits électroniques reconditionnés et garantis qui offrent le même confort d'utilisation que le neuf pour un prix et un impact écologique réduits (ça se passe sur Back Market ou *Envie.org*…).

3. **Je répare moi-même mes objets en panne grâce aux tutos en ligne :** Une bonne partie des pannes sont liées à une simple déconnexion de fils ou à des parties encrassées, et même quand le problème est plus complexe, il existe des vidéos qui permettent de remettre en état ses machines défectueuses (rendez-vous sur *sosav.fr* ou *fr.ifixit.com*).

4. **Je loue les objets high-tech dont je me sers occasionnellement :** Plutôt que de les empiler sur mes étagères, la location d'équipements technologiques est une vraie alternative durable et économique, grâce, par exemple, à *zilok.com*, *bricolib.net* ou encore *allovoisins.com*.

Une drôle de vision du progrès !

L'astuce

Vous n'êtes pas un pro de la réparation ? En France, il existe plus de 150 ***Repair Cafés*** où des bénévoles sont mobilisés pour prêter main-forte gratuitement.
Plus d'infos sur *repaircafe.org/fr*

Pour vivre mieux

Notre attention est une denrée rare et précieuse et nous voyons aujourd'hui se construire autour de nous une véritable « économie de l'attention ». Médias, sites Internet et applications sur les smartphones déploient des trésors d'imagination pour capter chaque seconde de notre temps et nous attirer dans leurs filets au point de créer un sentiment d'addiction très fort chez un nombre toujours plus important d'utilisateurs. Alors, reprenons le contrôle sur notre utilisation de la technologie et des prétendues offres gratuites censées nous simplifier le quotidien.

Internet ne s'arrête jamais...

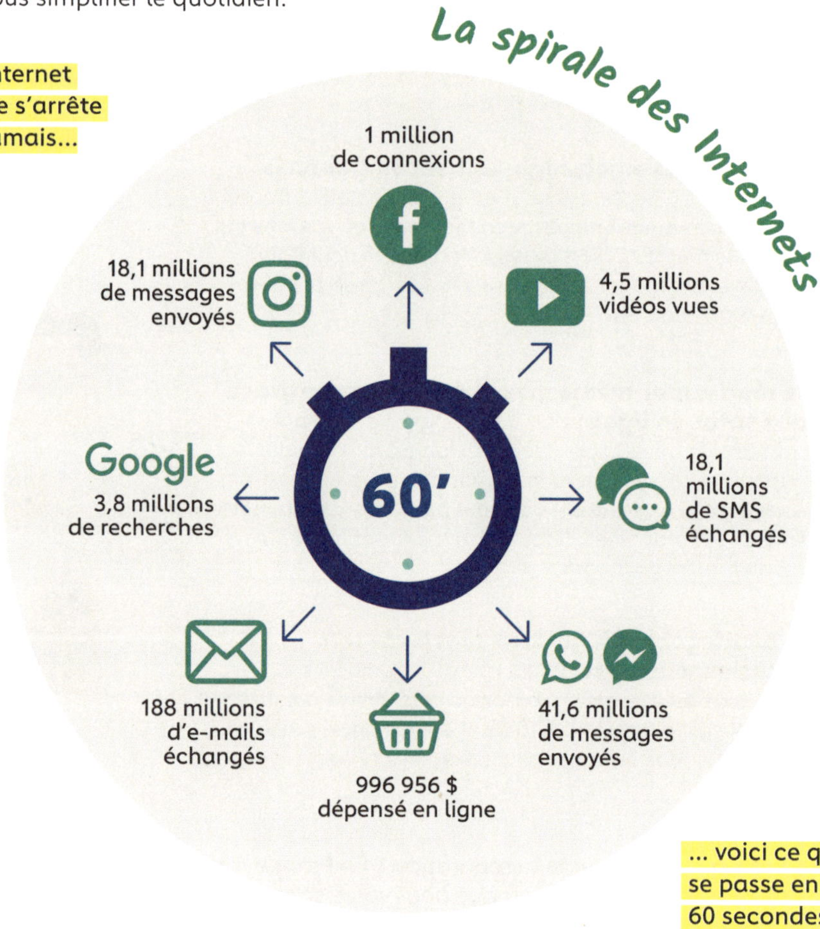

@LoriLewis & @OfficiallyChadd

... voici ce qui se passe en 60 secondes sur la Toile.

QUAND C'EST GRATUIT, C'EST NOUS LE PRODUIT !

la détox ↙

1 **Je désactive les notifications de mon téléphone :** Avons-nous vraiment besoin de recevoir une alerte à chaque fois que quelque chose se passe sur les réseaux sociaux ou dans une des nombreuses messageries que nous utilisons ? Personnellement, sur mon téléphone, je ne suis averti que quand je reçois un SMS et un appel et je ne m'en porte pas plus mal.

2 **Je bloque les publicités sur Internet :** On en vient à presque s'y habituer mais nous sommes bombardés de publicités dès que nous naviguons sur le Web. Heureusement, il existe des extensions qui permettent de bloquer ces invitées indésirables, ce sont les fameux bloqueurs de publicités comme uBlock Origin ou Adblock. Ces outils sont aussi disponibles sous forme d'applications pour nos smartphones.

3 **Je contrôle mes traces sur le Web :** Que nous le voulions ou pas, nous laissons des traces à chaque fois que nous visitons un site. Pour éviter que nos informations soient aspirées sans notre consentement, nous pouvons installer des extensions comme Ghostery ou Disconnect selon le navigateur.

4 **Je mesure mon temps passé devant les écrans :** Un autre excellent moyen de contrôler son usage du Web et des technologies est de suivre son temps passé sur les écrans. Que ce soit sur son téléphone ou son ordinateur, il existe des outils qui permettent d'analyser nos habitudes de consommation de nos iBidules. Un excellent moyen de réaliser où passent nos précieuses minutes (souvent sans qu'on s'en rende compte)… Désormais proposés par la plupart de fabricants (comme Google ou Apple), vous pouvez aussi passer par une application tierce pour aller encore plus loin dans le suivi et le contrôle, par exemple Space, Forest ou Offtime-Digital Detox.

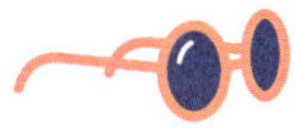

BONUS : quelques astuces pour surfer incognito sur Internet

→ Je choisis un navigateur open source et je navigue en mode privé.

→ Je désactive la géolocalisation par défaut sur mon téléphone et dans les réglages de mon navigateur.

→ Je n'utilise que des réseaux wi-fi sécurisés et j'évite de transmettre des données personnelles sur les réseaux publics.

→ J'utilise un réseau virtuel (VPN) ou un proxy pour masquer mon adresse IP et brouiller les pistes.

Pour réduire mon empreinte écologique

La consommation d'électricité d'Internet est énorme. Vers 2020, l'économie digitale (qui regroupe l'univers Internet, les terminaux, les réseaux, les cryptomonnaies, la technologie blockchain et les centres de stockage !) pèsera pour 20 % dans la consommation électrique de la planète bleue. Au niveau de la France, l'association négaWatt estime que la consommation électrique du numérique augmentera certainement de l'ordre de 25 % d'ici 2030.

La diffusion des vidéos, le stockage en ligne et l'intelligence artificielle font sortir de terre chaque jour davantage de fermes de serveurs qu'il faut alimenter en énergie, mais qu'il faut aussi refroidir en permanence. Ces installations consomment à elles seules parfois autant que des villes de 70 000 habitants.

Le visionnage vidéo représente plus de la moitié du trafic Internet mondial

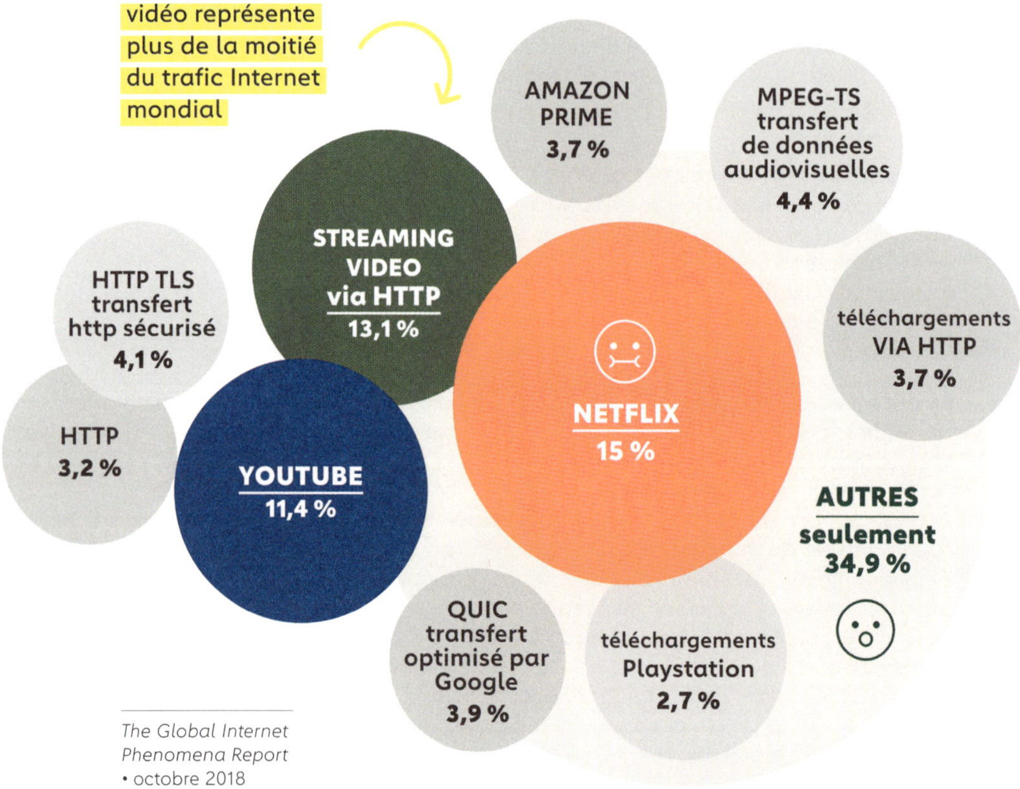

The Global Internet Phenomena Report • octobre 2018

dompteż les Internets

1 **Je diminue mon utilisation du cloud :** Bien qu'impalpable pour nous, utilisateurs, le cloud repose sur des millions de serveurs informatiques répartis aux quatre coins de la planète. Pour viser la sobriété numérique, faites vos sauvegardes sur un disque dur externe plutôt que sur la toile et passez des fichiers par clé USB. Si vous n'avez pas le choix, utilisez un service comme WeTransfer qui supprime vos fichiers au bout d'une semaine.

2 **Je change de fournisseur d'adresse e-mail :** Les géants du Web gagnent beaucoup d'argent grâce à nos données personnelles et ils font peu de cas de l'impact des e-mails stockés inutilement sur les serveurs. Il existe aujourd'hui des alternatives, comme Lilo Mail, qui fournissent un service écologique et éthique. En plus c'est *made in France* !

3 **Je limite ma consommation de vidéos en streaming sur Internet :** Plus de 50 % du flux d'Internet est généré par le visionnage de vidéos en streaming. Essayez de regarder des vidéos en 720p pour les films et 480p pour les interviews, et évitez le *binge-watching* en regardant un ou deux épisodes à la suite plutôt que toute une saison d'un coup. L'idéal : regarder une vidéo avec vos amis.

4 **J'archive mes e-mails ainsi que mes albums photos et vidéos sur mon ordinateur :** Plutôt que de conserver des milliers d'e-mails et des centaines de photos et vidéos sur les serveurs, sauvegardez vos archives directement sur un disque dur externe (ou deux, si vous voulez ne courir aucun risque).

L'astuce

Vous voulez aller au bout de la démarche et supprimer définitivement vos comptes désormais inutiles ? Il existe un annuaire de liens pour supprimer vos comptes de sites Web : direction *websjustdelete.me* pour avoir toutes les instructions nécessaires.

Pour faire soi-même

Depuis une dizaine d'années, des citoyens et des lieux publics (ou privés) se sont engagés dans la mise en place d'espaces propices à la diffusion et à l'appropriation des outils et à la compréhension des enjeux liés au numérique : fablabs, tiers-lieux, hackerspaces, ateliers partagés, etc. Le mélange de Do It Yourself, de démocratisation des savoirs et de partage de machines ou d'outils difficiles d'accès et assez onéreux constitue la clé du succès de ces espaces où des bricoleurs « fabriquent » le monde de demain, dans le monde entier.

En France, on a pas de pétrole, mais on a des fablabs

Né au début des années 2000 aux États-Unis, le concept de fablab est en plein essor partout dans le monde. La France, de son côté, peut se vanter d'être le deuxième pays des fablabs après les États-Unis, avec près de 400 fablabs et makerspaces répartis sur tout le territoire.

Leur objectif ? Donner aux non-spécialistes les moyens de fabriquer toutes sortes d'objets manufacturés, presque dans les mêmes conditions que celles d'une usine. Les fablabs surfent sur la philosophie des logiciels libres : ouverture, collaboration et gratuité. En effet, le savoir, les procédés et la technologie nécessaires sont accessibles sans contrepartie financière. La plupart du temps, seule l'adhésion au fablab est requise.

Des plans en open source, quelques machines-outils à commande numérique (imprimante 3D, découpe laser, fraiseuse, bras robotique, etc.), de l'entraide, de la patience et beaucoup de créativité… et voilà un meuble personnalisé, une pièce pour réparer son sèche-linge ou même le prototype d'une prothèse électronique !

Surtout, les fablabs sont une expérience collective fondée sur le partage de savoirs, que ce soit à l'échelle locale ou mondiale : un objet peut être imaginé dans un fablab, réalisé dans un autre… et peaufiné dans un troisième. Enfin, si les fablabs offrent la possibilité de créer des objets, ils permettent aussi de réparer des objets cassés ou de les améliorer : recoudre un jean troué, fabriquer une pièce cassée qui n'est plus disponible en service après-vente, ressouder un circuit imprimé défectueux, etc.

REJOIGNEZ CES ESPACES POUR FABRIQUER LE MONDE DE DEMAIN.

Bref, une belle vision du monde de demain présente partout en France.

Le plastique peut être une ressource précieuse

Vous l'avez peut-être déjà entendu, mais si on continue à ce rythme, il y aura plus de plastique que de poissons dans l'océan en 2050. Et s'il est urgent de réduire drastiquement notre production de plastique à la source, nous devons également trouver un moyen de revaloriser le plastique déjà présent sur Terre.

C'est justement là qu'intervient Precious Plastic. Imaginé par des designers hollandais, ce mouvement veut démocratiser le recyclage et la réutilisation du plastique. L'idée est simple : donner à tous les capacités de transformer des déchets plastique en de beaux objets durables. Pour ce faire, ils ont mis au point une machine pour permettre à chacun de recycler le plastique localement. Des machines qui sont spécialement conçues pour se fabriquer très simplement, avec peu de connaissances techniques, avec des outils basiques et des matériaux que l'on peut acheter partout dans le monde.

Une fois l'atelier prêt, Precious Plastic offre, de façon gratuite, des vidéos et des plans pour tout fabriquer soi-même : pots de fleur, bidon de produits ménagers deviennent ainsi des bols, des coques de smartphone, des saladiers, des bijoux, des lampes, des prises d'escalade... c'est fou tout ce qu'on peut fabriquer avec du plastique. Enfin, les fans de DIY peuvent proposer leurs propres créations, car les machines sont aussi pensées pour être adaptables et modifiables selon les envies, besoins et contraintes de chacun.

Plus d'infos sur *preciousplastic.com*

L'astuce
La plateforme pour devenir le roi du DIY technologique :
Vous trouverez plus de 100 inventions low-tech à réaliser chez soi pour atteindre l'autonomie sur *lowtechlab.org/wiki/Tutorials*

Si l'initiative vous intéresse, rendez-vous sur *fablabs.io/labs/map* pour trouver un fablab pas loin de chez vous.

Pour mobiliser

Je sensibilise mon entourage au renouvellement trop rapide des smartphones

Dans le monde, depuis 2007, date de sortie du premier iPhone, 7 milliards de smartphones ont été vendus. Une quantité extraordinaire qui donne une bonne idée de l'engouement pour ces objets high-tech qui sont devenus un prolongement de notre main (et de notre cerveau) pour une bonne partie de la population mondiale.

Et même si les smartphones sont des outils pratiques, le triste revers de la médaille est que leur impact sur l'environnement est loin d'être négligeable. L'extraction des ressources rares, la fabrication et le transport sont évidemment pointés du doigt mais à l'autre bout de la chaîne, une fois que les terminaux ne sont plus utilisés, il reste une importante marge de manœuvre pour réduire cette gabegie.

En France, au-delà du fait que la durée de vie d'un smartphone ne dépasse pas les 2 ans, seulement 15 % des téléphones sont collectés pour être recyclés. Selon l'Agence de l'environnement et de la maîtrise de l'énergie (Ademe), 88 % des Français changent leur smartphone alors que l'ancien fonctionne encore. Au total, au moins 30 millions d'appareils dorment dans des tiroirs.

Face à cet énorme gâchis, nous avons tous un rôle à jouer pour sensibiliser notre entourage à cette problématique et donner à tous ces vieux téléphones abandonnés une fin de vie écologiquement utile, que ce soit en leur donnant une seconde vie en les réparant ou en les déposant dans un point de collecte. Car dans chaque mobile se trouvent de nombreuses matières premières à haute valeur ajoutée qui peuvent être recyclées, réutilisées ou valorisées.

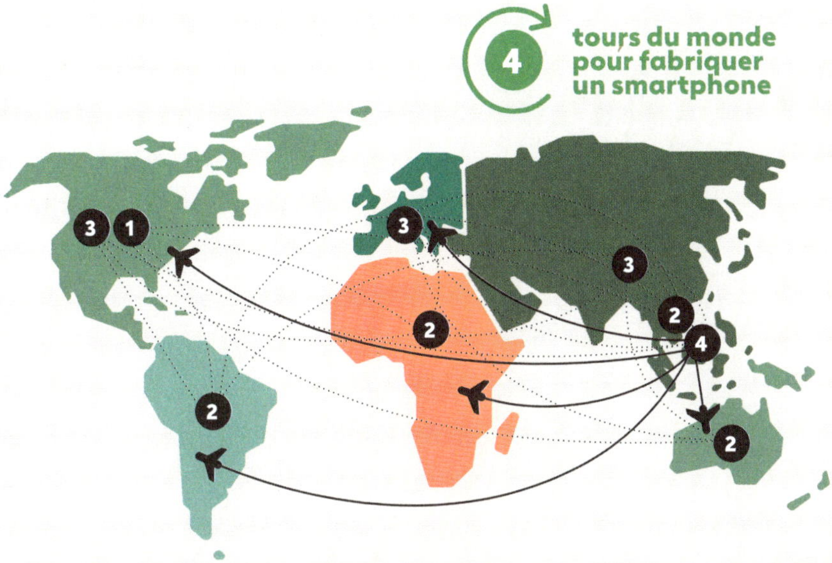

1 **conception** le plus souvent aux États-Unis

2 **extraction et transformation des matières premières** en Asie du Sud-Est, en Australie, en Afrique centrale et en Amérique du Sud

3 **fabrication des principaux composants** en Asie, aux États-Unis et en Europe

4 **assemblage** en Asie du Sud-Est

✈ **distribution** vers le reste du monde, souvent en avion

Ça marche

Donner une seconde vie à son vieux téléphone en le proposant à une association

Recycler votre smartphone en le donnant à un réseau solidaire, c'est lui permettre de connaître une nouvelle destinée. Lorsque vous donnez votre portable, il est soigneusement remis en état (nettoyage, petites réparations...) et vidé de ses données avant d'être revendu à un prix avantageux.
C'est par exemple le cas avec le réseau Envie ou les Ateliers du bocage (ateliers de réparation fondés par Emmaüs). Ce dernier collecte et trie entre 20 000 et 35 000 téléphones portables par mois et redonne une seconde vie à environ $^1/_3$ des smartphones qui passent par leurs ateliers.

Plus d'infos ici *eco-systemes.fr/recyclage-des-telephones-portables ou envie.org/carte-de-france/*

Pour agir collectivement

Les Gafam (Google, Amazon, Facebook, Apple, Microsoft) sont partout et exercent aujourd'hui une domination mondiale à en faire pâlir certains États. En plus d'être des géants du Web, ils explorent différentes pistes pour asseoir leur contrôle sur d'autres secteurs clés de notre quotidien : les voitures autonomes, la robotique, la santé, l'intelligence artificielle, etc.

Ces cinq plus grosses capitalisations boursières mondiales dictent au monde la voie à suivre à grands coups de surveillance généralisée et d'innovations qui nous laissent penser que notre salut ne pourra venir que de la technologie. Une situation quasi monopolistique qu'il est urgent de remettre en cause.

7 alternatives pour résister aux Gafam

1. **Linux** propose un système d'exploitation libre et peu gourmand en ressources pour dire au revoir à Apple et Windows.
2. **Ecosia** ou **Lilo** sont des moteurs de recherche qui soutiennent des projets écologiques et/ou solidaires tout en protégeant vos données personnelles.
3. **Lilo Mail** ou **Proton Mail** sont des alternatives à Gmail qui mettent l'accent sur la réduction de l'empreinte écologique de vos e-mails ou la protection de vos données.
4. **Telegram** est une messagerie cryptée qui ne revend pas vos données, contrairement à WhatsApp ou Messenger.
5. **Framasoft** met à votre disposition plus de 30 services libres pour remplacer Google Drive, Doodle, etc.
6. **Jitsi, Tox** ou **Linphone** sont des alternatives libres aux logiciels de visioconférence des géants du Web qui épluchent vos listes de contacts et d'appels sans scrupule.
7. **Firefox** ou **Tor project** sont des navigateurs créés pour se défaire de Chrome, Safari et autres et profiter d'une navigation sans que vos faits et gestes soient épiés en permanence.

CHANGEONS LE MONDE !

Guerilla
Anti
Foutaises
des Amis
du nouveau
Monde

LIBÉRONS LES INTERNETS !

L'Internet libre, c'est possible avec Framasoft...

Framasoft est une association française qui diffuse des logiciels libres depuis le tout début des années 2000. Après avoir notamment œuvré à faire connaître les grands acteurs du milieu du logiciel libre comme Firefox, VLC ou encore Linux, le mouvement se consacre essentiellement à proposer des alternatives libres, éthiques, décentralisées et solidaires aux services des Gafam à travers sa campagne « Dégooglisons Internet ».

C'est comme ça que Framasoft propose aujourd'hui plus d'une trentaine de services. Par exemple Framadrop pour partager des fichiers de manière confidentielle et sécurisée, mais aussi Framagenda, pour créer des plannings collaboratifs, et Framagames pour jouer à des jeux sous licence libre.

La liste complète peut être trouvée sur le site : *degooglisons-internet.org/fr*

... et les colibris

À noter également que, dans le cadre de l'aventure des logiciels libres, le mouvement Colibris a rejoint le Collectif d'hébergeurs alternatifs, transparents, ouverts, neutres et solidaires (CHATONS) et met à disposition gratuitement des solutions libres et respectueuses de la vie privée, notamment un éditeur de texte collaboratif, un planificateur de réunion, un tchat d'équipe, etc. Plus d'informations : *colibris-outilslibres.org*

Dites à Netflix d'abandonner les énergies polluantes

Depuis 2010, Greenpeace pousse les géants du Net à alimenter leurs centres de données aux énergies renouvelables. Facebook et Google se sont déjà engagés. Netflix est encore très loin du compte avec moins d'$^1/_4$ de l'énergie consommée par ses serveurs qui provient de sources renouvelables. Pour signer l'appel, rendez-vous sur *clickclean.org/france/fr*

les transports

EN CHIFFRES

1,3 milliard de véhicules circulent dans le monde. Selon les Nations unies, le parc automobile mondial devrait atteindre **3 milliards de voitures d'ici 2050**.

1,06, c'est le taux d'occupation moyen d'un véhicule en milieu urbain. **97 % des périurbains utilisent leur voiture régulièrement** et l'immense **majorité des conducteurs sont seuls dans leur véhicule**.

1,8 milliard, c'est le nombre de **touristes internationaux prévus en 2030**, soit une **hausse de** près de **52 %** du nombre de touristes par rapport à aujourd'hui.

1 078 000, c'est le nombre de kilomètres de routes en France, dont près de 11 600 km d'autoroutes, ce qui en fait le réseau routier le plus long d'Europe.

Les objectifs pour 2030

– 5 %

de kilomètres parcourus par les particuliers en voiture

chaque année pour diviser par 2 le nombre de véhicules en circulation

×2

les trajets effectués en transports en commun

×6

les trajets à vélo

⊗

Supprimer les vols intérieurs

qui ont une alternative par la route ou le rail

– 3/4

nombre de vols aériens

effectués chaque année d'ici 2030

↓

Favoriser la production de voitures plus légères

(autour de 600 kg) et moins rapides (maximum 140 km/h) pour des déplacements moins énergivores

Pour commencer

39 millions d'engins sont officiellement en circulation en France, dont 32,7 millions de véhicules particuliers. Se mettre à l'écoconduite, c'est économiser, dès aujourd'hui, jusqu'à 15 % de carburant tout en réduisant de 15 % le nombre d'accidents.

Le coup de pouce

L'application **Geco Air** aide à réduire, au quotidien, les émissions polluantes de nos déplacements en les analysant et en nous suggérant des pistes d'amélioration.

POUR UNE CONDUITE SUPER GREEN !

Les 10 commandements de l'écoconduite

1. Bien entretenir son véhicule.
2. Avoir les pneus parfaitement gonflés.
3. Ne pas remplir son coffre inutilement.
4. Avoir une conduite souple :
   → passer les vitesses tôt ;
   → anticiper les freinages ;
   → utiliser le frein moteur.
5. Vérifier régulièrement le niveau d'huile.
6. Rouler 10 km/h en dessous de la limite autorisée.
7. Ne pas utiliser sa climatisation.
8. Faire rechaper ses pneus.
9. Couper son moteur pour des arrêts d'une durée supérieure à 30 secondes.
10. Enlever les barres de toit quand elles ne sont pas utilisées.

Pour faire des économies

La voiture reste le mode de transport individuel le plus cher. En moyenne, une voiture coûte plus de 5 000 euros par an (l'équivalent d'un dixième du budget des ménages) alors qu'elle reste plus de 95 % du temps en stationnement.

Préférer l'usage plutôt que la propriété est un pilier de la consommation collaborative et une source d'économies immédiates.

ça roule ma poule ←

1 **J'utilise les vélos partagés :** Avec la marche à pied, le vélo est l'autre manière de se déplacer qui n'émet pas de CO_2. Si vous ne possédez pas votre propre bicyclette, il est facile aujourd'hui d'utiliser de nombreux services qui vous permettent de louer un vélo. En France, plus de 30 villes ont leur propre système et de plus en plus d'opérateurs proposent des vélos accessibles depuis votre smartphone.

2 **Je me déplace en scooter électrique :** Les scooters électriques en libre-service sont en plein boom partout en Europe, et la France fait partie des pays les plus accueillants pour cette initiative qui permet de se déplacer rapidement et écologiquement dans de nombreuses villes. Quelques repères pour vous aider à vous y retrouver : à Paris Coup, Cityscoot / à Lyon et à Toulouse Indigo Wheel / à Bordeaux Yego / à Nice Cityscoot.

3 **Je prends des voitures partagées :** Pour les citadins qui n'ont besoin d'un véhicule que ponctuellement, il existe aujourd'hui, dans les grandes villes françaises, une offre de voitures partagées. Le libre-service de voitures électriques se déploie à vitesse grand V, et c'est tant mieux. Pour des trajets de plus longue durée, louer une voiture à un particulier avec des prix qui débutent à une trentaine d'euros par jour est devenu très accessible avec Ouicar et Drivy.

L'astuce

En vacances aussi on peut profiter des véhicules partagés en louant un camping-car sur Internet avec par exemple *yescapa.fr*, ou même un bateau avec des plateformes comme *clickand-boat.com*

Le boom de la mobilité partagée : Paris leader européen !

nombre de véhicules en libre-service pour 10 000 habitants

Paris : 128, soit
105 vélos + 19 voitures + 4 scooters
Luxembourg : 60, soit
59 vélos + 1 voiture
Bruxelles : 51, soit
42 vélos + 8 voitures + 1 scooter
Copenhague : 42, soit
32 vélos + 10 voitures
Dublin : 30, soit
27 vélos + 3 voitures
Berlin : 26, soit
15 vélos + 8 voitures + 3 scooters
Amsterdam : 16, soit
11 vélos + 4 voitures + 1 scooter

shopalike.fr • 2017

Pour vivre mieux

On estime à 580 millions au moins le nombre de vélos dans le monde, et les différentes projections évaluant l'adaptation de nos sociétés à l'urgence climatique font de l'utilisation du deux-roues un des premiers leviers de réduction de notre empreinte carbone en ville. Une bonne nouvelle, d'autant que le vélo est très loin des clichés qui lui collent à la peau (dangereux à cause de la pollution, risque d'accidents, etc.).

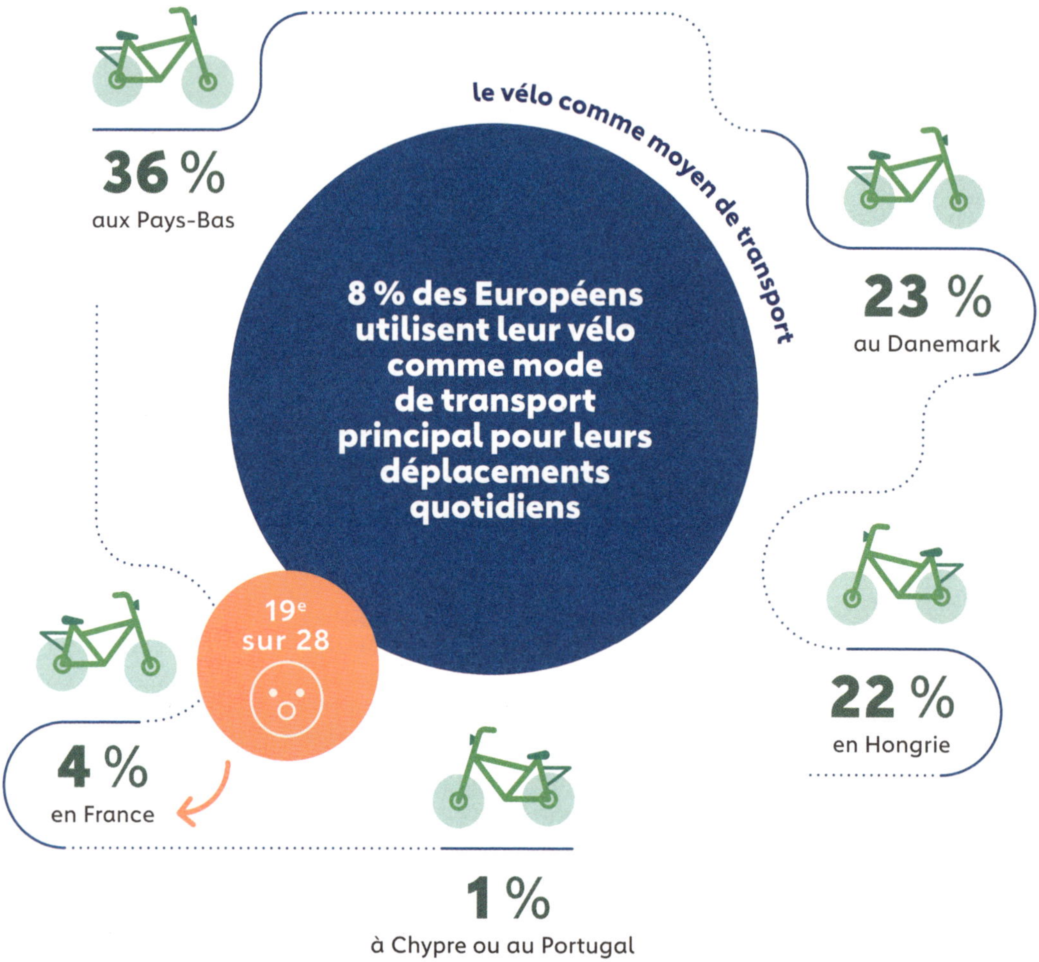

Les 5 raisons de se mettre au vélo

il ne pollue pas

rouler à vélo permettrait d'économiser 650 kg de CO_2 par personne/an. Soit l'équivalent d'une télévision LCD allumée 162 jours non stop.

il allonge l'espérance de vie

30 minutes de vélo par jour limite les maladies (risques cardio-vasculaires, diabète, cancer, stress, etc.).

il est plus rapide

à vélo, sur un trajet de 3 km, **on met moins de temps qu'en voiture,** stationnement compris.

il est plus sûr

les cyclistes ont 10 fois moins de risques d'être blessés qu'en voiture.

il est moins cher

4 pleins d'essence = 265 € soit le prix d'un vélo neuf. Faire 10 km de vélo par jour revient à 100 €/an à vélo *vs* 1 000 €/an en voiture.

Top Bonus

1 place de stationnement **= 10 places de vélo.**

Pour réduire mon empreinte écologique

L'Association du transport aérien international prévoit un doublement du nombre de passagers aériens à l'horizon 2037. L'avion étant le moyen de transport le plus polluant, une telle prévision est tout simplement incompatible avec l'objectif de réduction des émissions de gaz à effet de serre (GES) pour les prochaines décennies.

Rappelons qu'une heure en avion est 13 fois plus émettrice de GES qu'une heure en voiture et plus de 1 500 fois plus polluante qu'une heure dans un TGV.

Les émissions de GES des différents transports au kilomètre

(en grammes équivalent carbone par km parcouru, selon les modes de transport)

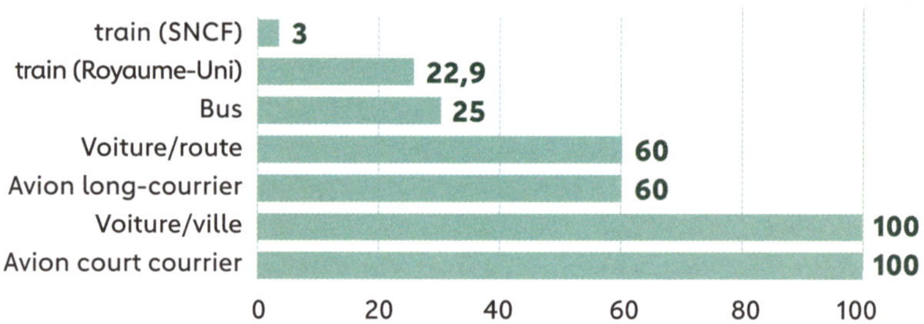

Jancovici.com

voyage
voyage
↙

1 **Je prends le train plutôt que l'avion en France… :** Sachant que l'essentiel des émissions de CO_2 se fait au décollage et à l'atterrissage, l'avion est une aberration écologique pour des trajets de quelques centaines de kilomètres. Pour éviter ce gâchis, le train est une alternative rapide et écologique.

Et si la question du coût est un frein, de nombreuses offres de bus permettent de voyager partout en France : OuiBus, Megabus, Isilines, Starshipper ou encore FlixBus. Le choix est large !

2 **…et en Europe :** Au niveau européen, l'avion n'est pas non plus l'unique option. Au-delà de la question environnementale, dans de nombreux cas de figure, l'avion est même moins rapide que le train.

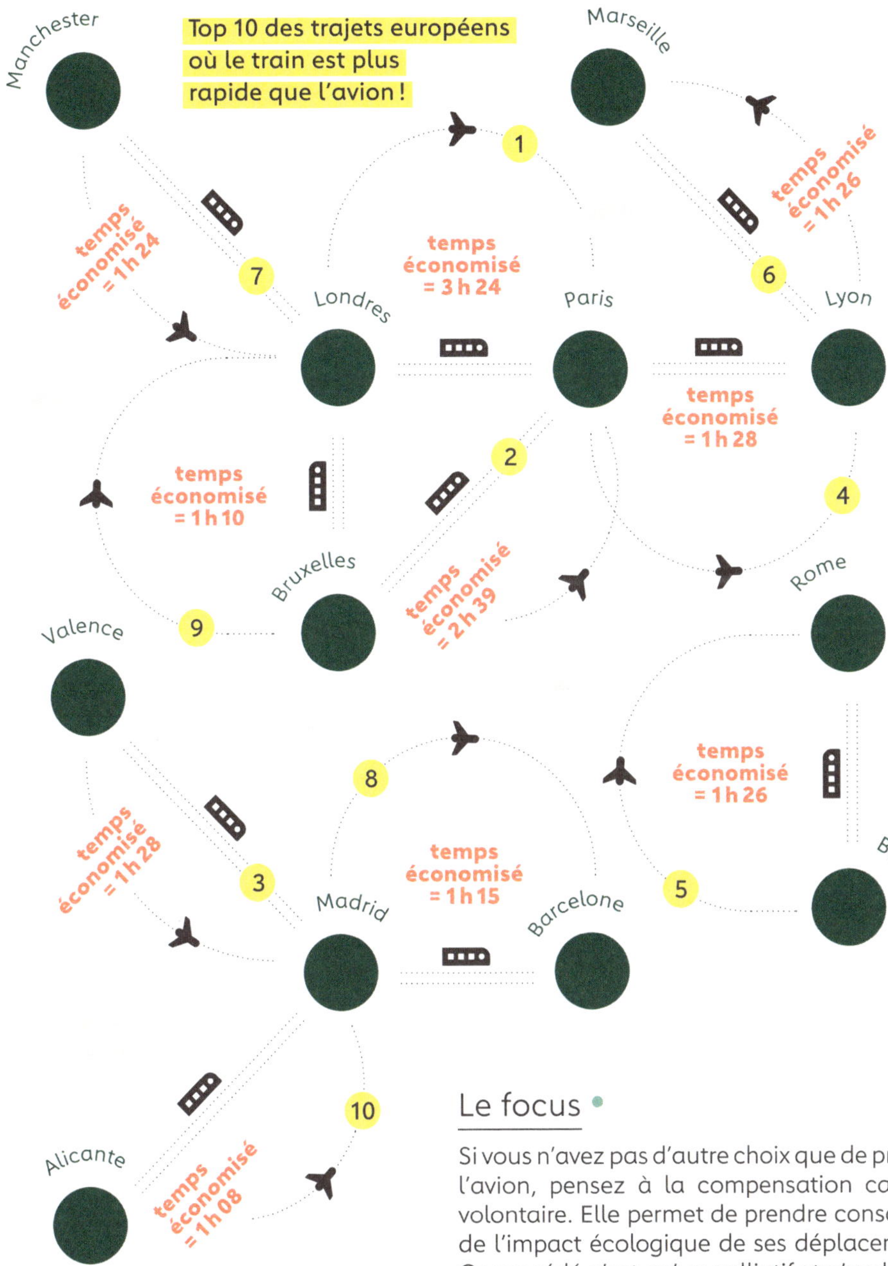

Le focus

Si vous n'avez pas d'autre choix que de prendre l'avion, pensez à la compensation carbone volontaire. Elle permet de prendre conscience de l'impact écologique de ses déplacements. Ce procédé n'est qu'un palliatif et n'exclut pas de mettre en place une démarche de diminution de ses trajets en avion. Pour aller plus loin, je vous invite à aller sur *goodplanet.org*

Pour faire soi-même

Je questionne la place de la voiture en ville

Depuis les années 1950, les villes du monde entier ont été conçues pour favoriser les déplacements en voiture. À l'époque, on comptait seulement 70 millions de véhicules (voitures, poids-lourds et bus) contre plus d'un milliard depuis 2010. Aujourd'hui, de nombreuses villes ont décidé de limiter progressivement l'accès du centre-ville aux voitures : Amsterdam, Bruxelles, Londres, Copenhague ou encore Berlin font figure d'exemple dans le domaine.

C'est aussi une question d'espace...

40 personnes pour un bus

40 personnes pour 40 voitures

40 personnes pour 40 vélos

Bon à savoir • La Journée mondiale sans voiture

Fixée au 22 septembre, le but de la Journée sans voiture est d'expérimenter la vie en ville différemment en réservant le centre-ville aux adeptes de la mobilité douce : piétons, rollers, vélos, skateboards, etc.

En France, plus d'un millier de villes se sont organisées pour se joindre à ce mouvement qui prend de l'ampleur. Certaines interdisent désormais l'accès aux voitures sur des bases plus régulières comme Paris qui, dans le cadre du projet Paris Respire, piétonnise certains quartiers le week-end et ferme l'avenue des Champs-Élysées tous les premiers dimanches du mois.

Ça marche • Pontevedra, la première ville sans voiture

Depuis 15 ans, les habitants de cette ville (83 000 hab.) dans la région de la Galice, en Espagne, vivent sans voiture. C'est le maire actuel de la ville qui en a fait son combat dès sa première élection en 1999. Ce qui a l'air de plaire à ses électeurs puisqu'il a été réélu 4 fois.

À Pontevedra, ville sans voiture, les chiffres parlent d'eux-mêmes :
- le trafic automobile a diminué de 90 % ;
- 70 % des déplacements se font à pied ou à vélo ;
- la pollution de l'air a chuté de 65 %.

Aujourd'hui, dans une zone protégée de Pontevedra, seules les voitures de livraison et les riverains sont autorisés à circuler. La vitesse est limitée à 30 km/h. Pour les autres automobilistes, un parking de 4 000 places gratuites est disponible à une dizaine de minutes à pied du centre historique.

La voiture ayant laissé sa place de favorite au cœur de la ville, tout l'espace urbain s'en trouve transformé : chaussées adaptées à la circulation piétonne et cyclable, trottoirs devenus inutiles remplacés par des bancs, des espaces verts et des aires de jeux pour les enfants.

UN NOUVEAU QUOTIDIEN EST POSSIBLE SANS TA VOITURE, CITADIN !

Pour mobiliser

Zéro euro, c'est le prix que payent les habitants de Dunkerque pour utiliser les transports en commun mis à disposition par la ville. Une tendance qui fait des adeptes puisque Castres, Châteauroux, Gap, Compiègne ou encore Niort ont aussi adopté la gratuité pour leur réseau de transports collectifs.

ET SI VOUS LANCIEZ VOTRE PÉTITION POUR DEMANDER LA GRATUITÉ DES TRANSPORTS EN COMMUN DANS VOTRE VILLE ?

1 Comment réussir une pétition ?

→ Rédigez un texte clair et factuel racontant votre histoire, vos motivations et adressez-le à la bonne personne.

→ Afin d'obtenir plus de signatures, partagez votre pétition sur vos réseaux sociaux et informez tous ceux qui pourraient s'intéresser à votre combat.

→ Pour réunir le plus de monde possible et attirer l'attention du décideur, mobilisez vos soutiens.

→ Médiatisez votre pétition grâce aux journalistes qui permettront de rallier plus de monde à votre cause.

2 Quels arguments mettre en avant ?

- En France, le secteur des transports est celui qui émet le plus de gaz à effet de serre.
- À Châteauroux, après la mise en gratuité des transports en commun, plus de la moitié de ceux qui utilisaient la voiture auparavant sont devenus de nouveaux usagers du bus.
- À Dunkerque, quand la gratuité a été testée le week-end, on a constaté 40 % de fréquentation des bus le samedi, 80 % le dimanche.
- Aujourd'hui, sur 110 réseaux dans le monde qui ont adopté la gratuité de leurs transports, une trentaine se situent en France et près de 40 aux États-Unis.

3 Et ensuite ?

- Une fois obtenu le nombre de soutiens suffisant, contactez la personne en charge de la gestion des transports publics de votre commune pour lui remettre votre pétition et négocier en faveur du changement souhaité.
- Dès que vous aurez obtenu gain de cause, n'oubliez pas de communiquer sur votre victoire et de remercier tous vos soutiens de l'aide apportée.

L'astuce

Plusieurs sites de pétitions en ligne existent, les plus connus sont *change.org*, *mesopinions.com*, *wesign.it* ou *citizaction.fr*

Transports en commun gratuits en 2018

Quelles villes ont osé franchir le cap ?

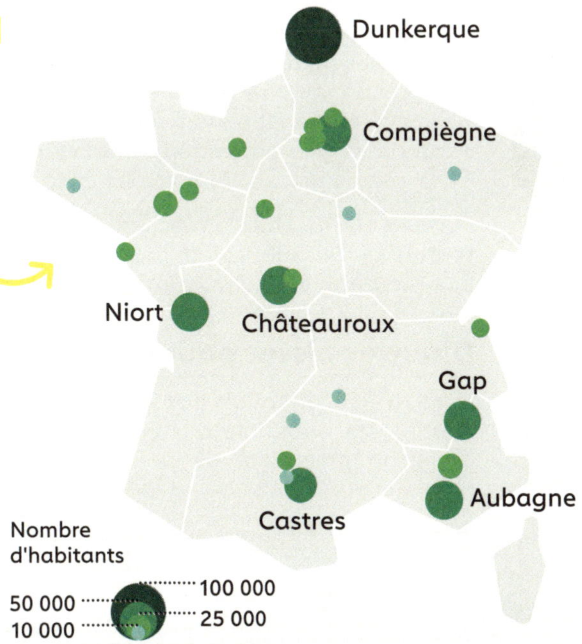

Pour agir collectivement

Le covoiturage

2 000 euros, c'est ce qu'économise chaque année un salarié qui fait du covoiturage avec un collègue sur un trajet quotidien de 30 km. Au-delà de l'aspect économique, le covoiturage est une solution intéressante au niveau écologique, en particulier sur les trajets domicile-travail du quotidien qui, pour rappel, sont faits avec en moyenne 1,1 personne par véhicule.

8 %

Le chiffre

En France, il suffirait de 8 % de trajets quotidiens effectués en covoiturage pour qu'il n'y ait plus de bouchons liés au trafic.

À DEUX, C'EST MIEUX !

Le focus • **Mobicoop**

Mobicoop est une coopérative de covoiturage dont l'histoire remonte à 2011, lorsqu'est créée l'association Covoiturage libre. À l'époque, la plateforme avait été lancée suite au changement de modèle économique de Blablacar imposant une commission sur tous les trajets.

Sept ans plus tard, pour continuer à se développer, l'association Covoiturage libre est devenue la coopérative Mobicoop qui continue à œuvrer pour que le covoiturage reste un bien commun en s'engageant à :
- protéger les données des utilisateurs pour que celles-ci ne soient consacrées qu'au bon déroulement du covoiturage ;
- ne prendre aucune rémunération sur les trajets réalisés ;
- respecter le fonctionnement coopératif ;
- contribuer à la protection de l'environnement ;
- favoriser le lien social entre les covoitureurs.

Aujourd'hui la plateforme compte plus de 150 000 utilisateurs et plus de 60 000 trajets proposés, ce qui fait d'elle un acteur incontournable du covoiturage libre. Plus d'infos sur *mobicoop.fr*

D'autres pistes pour aller plus loin

→ Rezo Pouce, l'auto-stop au quotidien : la plateforme met en relation les habitants des zones rurales et périurbaines et leur donne la possibilité de se déplacer grâce au partage de la mobilité. Plus d'infos sur *rezopouce.fr*

→ Après le covoiturage, voici le cobaturage pour mettre en relation les propriétaires de bateaux et les particuliers. Une bonne idée pour diminuer les coûts d'une sortie en mer tout en faisant de nouvelles rencontres. Plus d'infos sur *cobaturage.fr*

Le vrai du faux : les trottinettes en libre-service sont-elles écolos ?

Les trottinettes électriques que l'on croise de plus en plus souvent sur les trottoirs des grandes villes françaises déchaînent les passions et les polémiques. Or, pour l'instant, leur bilan au niveau écologique et leur valeur ajoutée en matière de déplacements sont tout à fait mitigés. Si les start-up en France se refusent pour l'instant à partager leurs données, une étude réalisée à Louisville dans le Kentucky démontre que les trottinettes partagées ne restent que 28 jours en circulation, soit en moyenne 227 km avant d'être mises au rebut. Au niveau économique, ce n'est guère mieux puisque, pour être rentable, une trottinette devrait circuler pendant 114 jours (à raison de 5 trajets par jour). On est bien loin du compte...

le travail

EN CHIFFRES

58 % des actifs qui ont leur lieu de **travail à moins d'un kilomètre prennent leur voiture pour s'y rendre**.

90 % d'eau en moins, c'est ce que permet d'économiser un **papier recyclé** comparativement à un papier « classique ».

120, voire jusqu'à **140 kg de déchets** sont **produits chaque année par un salarié** sur son lieu de **travail**, et les $^{3}/_{4}$ sont du papier.

Les objectifs pour 2030

Généraliser le télétravail

au moins 2 jours par semaine

Obliger toutes les entreprises à mettre en place une indemnité kilométrique

pour chaque salarié qui se déplace en covoiturage ou à vélo pour se rendre sur son lieu de travail

Obliger toutes les entreprises à mettre en place un système de collecte et de tri séparé de ses déchets

Obliger toutes les entreprises à revaloriser leurs équipements informatiques

(ordinateur, serveur, téléphone, imprimante, etc.)

Pour commencer

Un collaborateur passe 200 jours par an environ dans son entreprise. À raison d'environ huit heures par jour, il apparaît évident que toutes les bonnes pratiques adoptées dans son quotidien personnel doivent aussi interpénétrer sa vie professionnelle (chauffage au minimum, lutte contre le gaspillage alimentaire, etc.).

Au-delà de cette cohérence, voici quelques gestes simples pour réduire au maximum votre utilisation de ressources sur votre lieu de travail. Une urgence quand on sait que 2,4 millions de tonnes de déchets sont produites au travail chaque année.

au boulot ! ↙

L'astuce

À partir de 20 employés, l'entreprise est contrainte de mettre en place un système de tri et de collecte séparée de ses déchets. *Lemon Tri* ou *Les Joyeux Recycleurs* sont des options solidaires pertinentes.

1. **Je configure mon imprimante pour imprimer en recto verso.**
2. **J'utilise une gourde pour l'eau et une tasse réutilisable pour le café et le thé.**
3. **Je prépare la veille ma nourriture pour le midi et je l'emporte dans un récipient en verre :** Je n'oublie pas les couverts réutilisables et une serviette en tissu.
4. **Je refuse les goodies lors des événements.**
5. **Je privilégie les fournitures recyclées pour la papeterie :** Et je garde mes feuilles de papier pour les utiliser en brouillon.
6. **J'éteins les appareils en veille :** (ordinateur, imprimante, machine à café, etc.) quand ils ne sont pas utilisés.
7. **Je recycle les déchets que je produis au quotidien :** Et je collecte les cartouches d'encre pour les faire remplir ou les jeter dans la poubelle appropriée.

Pour ceux qui vont à l'école

Parce que, pour des millions de jeunes Français, le «travail», c'est d'aller à l'école, la question de la rentrée et des fournitures scolaires – qui coûtent chaque année autour de 200 euros par élève (pour être exact 193,74 euros pour un élève de 6e en 2018) – est un thème essentiel.

action ! ↘

Et ça tombe bien car, comme souvent, adopter des bonnes pratiques écoresponsables va dans le sens de notre santé et de notre porte-monnaie, et apprendre jeune permet de ne jamais oublier les bons réflexes.

1. **Je ne jette pas ce qui peut être utilisé de l'année dernière :** Trousse qui a déjà servi, feuilles vierges et feutres rescapés retrouveront forcément un usage avec la nouvelle année.

2. **Je privilégie des fournitures sans plastique :** Règle en bois, pochettes cartonnées et stylos rechargeables en métal… Ils dureront plus longtemps.

3. **Je choisis des fournitures écolabellisées :** Les logos Ange Bleu ou Écolabel garantissent des produits plus sains pour les enfants.

4. **J'achète des fournitures d'occasion :** Sur les sites spécialisés et dans les boutiques de seconde main se trouvent de nombreuses fournitures d'excellente qualité à moindre coût : calculatrice, cahiers, cartables, manuels scolaires, etc.

L'astuce

Au goûter, optez pour une version zéro déchet, bio et de saison. Un bon gâteau fait maison et une gourde remplie de jus de fruits frais… Ils coûteront même moins cher que la traditionnelle brique de jus industriel et les gâteaux en sachets individuels, sans oublier l'impact santé et moral !

ADEME

Pour vivre mieux

« Choisissez un métier que vous aimez et vous n'aurez plus à travailler un seul jour de votre vie. » À croire que cette maxime de Confucius inspire les Français qui osent désormais changer plusieurs fois de poste tout au long de leur vie professionnelle pour aligner métier et valeurs. Et si, finalement, trouver du sens au travail était un travail en soi ?

Je trouve mon Ikigaï

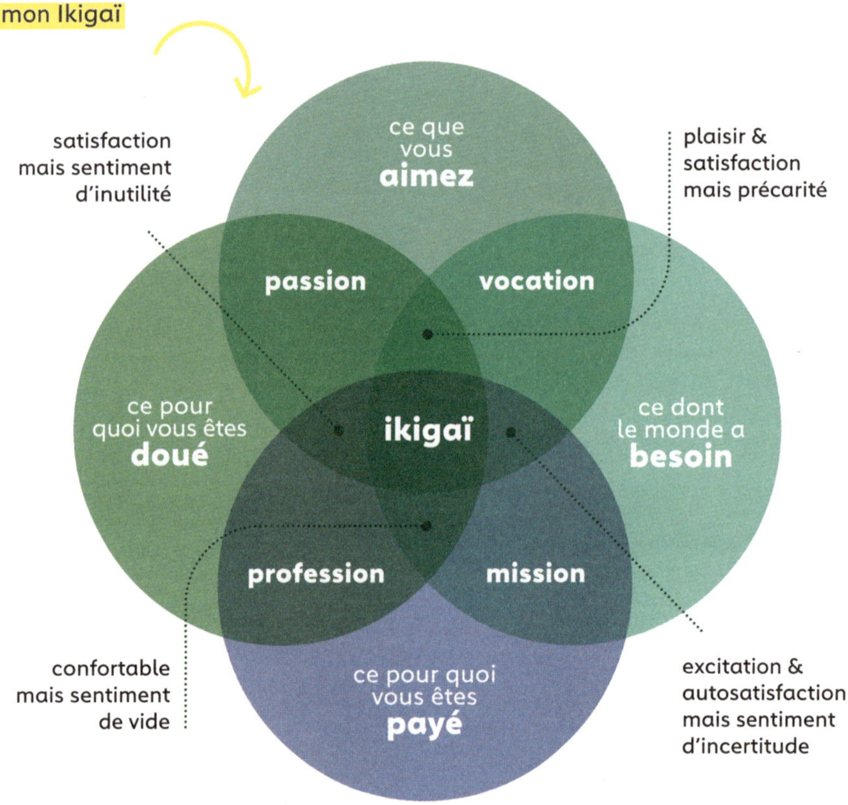

travailler moins…

1 **Je donne mon temps à une association :** La start-up Vendredi accompagne les individus, les entreprises et les projets à impact social afin de permettre au plus grand nombre de s'engager pour la société de demain. Si vous aussi, vous voulez mettre vos talents au service du projet d'une association sans quitter votre boulot, rendez-vous sur *vendredi.cc*

2 **Je réduis mon temps de travail :** Accepter de réduire son salaire et demander de passer à temps partiel pour se consacrer à d'autres projets personnels, citoyens, professionnels, humanitaires… est une option que de plus en plus de Français adoptent.

3 **Je deviens entrepreneur du changement :** Il existe de plus en plus « d'écoles du changement » qui accompagnent les porteurs de projets à impact social. Ticket for Change, Antropia, La Ruche Factory, Alter'Incub ou Makesense sont les incubateurs les plus connus de l'économie sociale et solidaire (ESS). Sur le territoire français, les structures sont nombreuses : Ronalpia en Auvergne Rhône-Alpes / TAg BZH en Bretagne / Réalis à Montpellier / Première Brique à Toulouse / La Machinerie à Amiens / Inter-Made à Marseille.

4 **Je me forme pendant ma période de chômage :** Transformer sa période de chômage en une véritable opportunité professionnelle et personnelle, c'est possible avec Activ'Action. Comment ? Grâce à une communauté qui permet de lutter contre l'isolement social, de valoriser ses compétences, d'en apprendre de nouvelles et d'être mis en relation avec des entreprises de manière innovante. Plus d'information sur *activaction.org*

5 **Je change de travail :** Être accompagné dans sa reconversion professionnelle par des experts est l'opportunité de vivre une nouvelle période riche en rencontres, en découvertes et en accomplissements. Aujourd'hui, de nombreux collectifs proposent de vous soutenir dans cette période charnière qu'il faut envisager comme une porte ouverte. C'est notamment le cas de Switch Collective ou de On Purpose.

L'astuce

Changer de voie et quitter votre emploi actuel vous semble impossible ? Et si vous commenciez votre transition par réfléchir et par acquérir de nouvelles compétences grâce aux Mooc (*massive open online course*) ? Souvent gratuites, ces formations en ligne sont un excellent premier pas pour ceux qui souhaitent défricher le terrain avant de se lancer. Et il y en a pour tous les goûts, dans tous les domaines : intrapreunariat, économie sociale et solidaire, permaculture, gouvernance partagée…

Pour en savoir plus allez faire un tour du côté de **360 Learning**, **My Mooc**, **Fun Mooc**, **Coursera** ou encore l'**université des Colibris** *colibris-universite.org*

Pour réduire mon empreinte écologique

Les entreprises françaises pèsent énormément dans l'empreinte écologique de la France. Au-delà des régulations législatives existantes ou à venir, la contribution des salariés pour réduire l'immense gâchis de ressources est déterminante. L'engagement de 30 millions d'actifs, par leurs actions concrètes et leur pouvoir d'influence, peut avoir un effet considérable.

Focus • L'empreinte numérique d'une entreprise

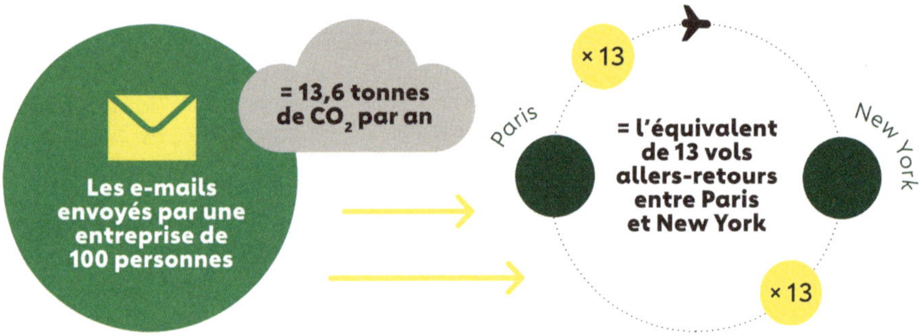

POUR DES E-MAILS PLUS VERTS

Quelques pistes

→ Envoyer des e-mails en mettant en copie uniquement les personnes vraiment concernées.

→ Éviter les signatures d'e-mail avec des images ou des GIFs.

→ Privilégier le partage des documents par clé USB ou avec un lien vers le cloud plutôt qu'en pièces jointes.

→ Faire le tri dans sa boîte mail régulièrement, stocker ses e-mails importants sur l'ordinateur et se désabonner des spams.

ADEME

1 **Je me mets au télétravail :** Grâce à l'avènement d'Internet, le travail collaboratif s'est développé à vitesse grand V. Une aubaine pour les entreprises qui peuvent démocratiser une solution qui fait de plus en plus d'adeptes tant elle permet de gagner sur tous les tableaux : le télétravail. Moins de pollution due aux déplacements et moins de temps perdu pour se rendre sur son lieu de travail, des salariés plus motivés et plus productifs, une diminution des frais de bureaux, une meilleure cohabitation entre la vie professionnelle et la vie personnelle, un contrat de confiance... Bref, tout le monde est gagnant !

2 **Je m'équipe de mobilier reconditionné :** Chaque année, les entreprises françaises achètent pour 1 milliard d'euros en mobilier neuf et jettent 250 000 tonnes de mobilier. Alors, plutôt que d'alourdir cette surconsommation, penser à s'équiper de mobilier reconditionné grâce à des plateformes comme Co-Recyclage pro, Adopte un bureau ou Tricycle Office. Une économie pour la planète et le porte-monnaie !

3 **Je limite mes déplacements en avion :** Pour les entreprises de services, les déplacements en avion sont souvent le poste le plus émetteur de CO_2. Pourtant, quelques bonnes pratiques simples permettent de réduire fortement cette pollution :

→ je me fais remplacer par un ou une collègue plus proche géographiquement du lieu de rendez-vous ;
→ je remplace mes réunions à l'étranger par des visioconférences ;
→ je regroupe plusieurs réunions en même temps et je reste sur place plus longtemps.

...pour être + heureux

4 **Je loue mon matériel informatique :** Les professionnels estiment à 3 ans la durée de vie d'un PC en entreprise. Plutôt que d'acheter votre matériel, de gérer les réparations, de s'occuper du recyclage et d'acheter du neuf trop fréquemment, pourquoi ne pas penser à la location ? Cette option permet de profiter d'un matériel performant sur le long terme et va aussi dans l'esprit de plus d'écoresponsabilité. Pour en savoir plus, la coopérative Commown, par exemple, propose des solutions précieuses.

5 **Je choisis un fournisseur d'énergie engagé :** Le choix de fournisseurs d'électricité et de gaz écoresponsables (comme vu à titre personnel) est un acte fort pour la cohérence globale de l'entreprise. Pour mémoire, les trois fournisseurs d'électricité les plus vertueux en France sont : Ilek, Énergie d'ici et Enercoop. Pour le gaz, Ilek et ekWateur proposent une offre 100 % biométhane.

6 **J'ouvre un compte en banque éthique et solidaire :** La Nef et le Crédit coopératif proposent des solutions pour les entreprises qui permettent de soutenir parallèlement l'économie sociale et solidaire ainsi que la transition écologique.

Pour mobiliser

Les courses solidaires en chiffres :

La course des héros
10e édition
15 M € collectés
200 causes
200 entreprises

Le Challenge contre la faim
2018
6 195 enfants soignés
231 entreprises inscrites
7 000 salariés mobilisés

Odyssea
depuis 17 ans
905 390 participants
8 877 703 euros collectés

J'inscris mon entreprise à une course solidaire

Chaque année, plusieurs dizaines de milliers de salariés dans toute la France mouillent le maillot pour la bonne cause en participant à une course solidaire.

Du côté des entreprises, ces événements participent à la construction d'une dynamique positive au sein de la société et fédèrent les salariés. Les collaborateurs, pour leur part, y trouvent un moyen de mobilisation à la mesure de leur désir d'engagement et de leur relative disponibilité.

Ces courses proposent différents formats pour s'adapter à tous les niveaux. Certains événements, comme la course Odyssea, ont été spécialement créés pour mobiliser autour d'une cause. En l'occurrence, Odyssea récolte des fonds destinés à la prévention, à la recherche et à la lutte contre le cancer du sein, dans une dizaine de villes. D'autres préfèrent rassembler plus largement les sensibilités en organisant une collecte multicauses en France (enfance, solidarité, cancer, maladies rares, handicap, etc.). C'est le cas de la Course des héros qui se tient chaque année en juin à Paris, Bordeaux et Lyon. L'allure est libre et non chronométrée, sur un parcours de 2,6 à 10 km. Enfin, d'autres événements sont réservés uniquement aux entreprises, comme le Challenge contre la faim au profit de l'ONG Action contre la faim. Organisé dans 9 villes, le concept donne la possibilité aux entreprises de sponsoriser les salariés qui choisissent de pratiquer un des sports proposés.

Un modèle gagnant/gagnant puisque, pour les entreprises, ces courses permettent de répondre à des enjeux de responsabilité sociétale des entreprises, tout en redistribuant chaque année des millions d'euros aux associations.

Ça marche • **La collecte des anciens téléphones sur le lieu de travail**

L'association Pour la vie collecte les téléphones mobiles, smartphones et tablettes inutilisés et/ou obsolètes pour financer et réaliser, grâce aux revenus du recyclage, les plus grands rêves d'enfants atteints de myopathie de Duchenne.

Pour organiser une collecte dans votre entreprise, votre administration ou votre commerce, l'association vous fournira gratuitement des urnes et des affichettes et organisera l'envoi, sans frais, des téléphones collectés.

Plus d'infos sur *pourlavie.org*

Pour agir collectivement

Commencer par le commencement : la mesure des émissions de gaz à effet de serre de son activité

Avant de passer à l'action en matière d'écologie, la première étape pour toute entreprise qui souhaite réduire son impact sur le climat est de mesurer ses émissions de gaz à effet de serre (GES). Pour vous y aider, il existe de nombreuses agences privées, certifiées Bilan carbone.

Toutes les entreprises peuvent faire cette démarche, quel que soit leur secteur d'activité. À titre d'indication, un bilan carbone pour une entreprise de plus de 250 salariés coûte entre 5 000 et 12 000 euros en moyenne, selon la complexité de l'étude. À savoir : l'Ademe peut aider financièrement les PME, jusqu'à 70 %. Cette mesure des émissions de GES est le préalable essentiel pour avoir de la visibilité concernant les activités les plus polluantes de votre entreprise. Fort de ces résultats, analyser les meilleures pistes pour réduire durablement et ambitieusement son empreinte et informer chaque collaborateur de son rôle dans la transformation à venir est possible.

Plus d'informations : *bilans-ges.ademe.fr*

Pour aller encore plus loin :

Les certifications écoresponsables tendent à se développer dans le monde entier et constituent une preuve supplémentaire de l'intérêt des acteurs économiques pour les enjeux environnementaux.

Quelques certifications sont particulièrement réputées :
→ ***1 % pour la planète*** ;
→ ***B-Corporation*** ;
→ ***EnVoL*** ;
→ ***LUCIE*** ;
→ ... et tous les autres groupements d'entreprises qui accompagnent la transition (***Solidarité climatique***, etc.).

Organiser un concours interne pour sensibiliser ses collaborateurs aux enjeux écologiques

Mobiliser et révéler les bonnes idées

Quand une entreprise décide de réduire son empreinte écologique, l'un des premiers défis est de motiver ses collaborateurs et de faire face à la résistance au changement. C'est typiquement ce qu'il risque de se passer en cas d'implémentation du haut vers le bas d'une stratégie d'adoption de bonnes pratiques environnementales.

Pour contourner cet obstacle, organiser un concours en interne peut être un moyen pour faire d'une pierre plusieurs coups. Non seulement les salariés pourront apporter leurs idées concernant les transformations à appliquer à l'activité et aux processus, mais la prise de conscience de toutes les équipes face à ces enjeux environnementaux majeurs qui vont influencer les acteurs économiques sur tout le territoire sera facilitée.

Un challenge sur le temps long

Pour la forme à donner au concours, à vous de voir. L'idéal est de le faire durer quelques semaines pour laisser le temps aux salariés de se réunir en équipes et de proposer un projet solide. Mettre en place un système de prix suivant plusieurs critères sera la cerise sur le gâteau (le prix de l'impact, le prix de la créativité, le prix de la solidarité, etc.). Il est important de réserver un budget pour la concrétisation des projets dans la vie de l'entreprise une fois les prix décernés.

Communication, communication, communication

Enfin, ne pas oublier de communiquer en interne et en externe, en direct et par Internet, pour que cette démarche permette à l'entreprise de gagner en légitimité tout en valorisant les salariés qui auront pris part au concours.

HELP !

N'hésitez pas à demander de l'aide

Pour parvenir à vos fins, avoir un coup de main d'experts du sujet peut être un vrai plus pour convaincre définitivement vos collègues de travail. Il existe des organisations qui peuvent venir dans votre entreprise pour creuser avec vous les enjeux écocitoyens grâce à des techniques éprouvées :

→ *Mon atelier Écofrugal* ;

→ *La Fresque du Climat* ;

→ *Consommons Sainement*.

la société

EN CHIFFRES

8,8 millions de personnes vivent en dessous du seuil de pauvreté en France en 2016 d'après l'Insee, soit **14 % de la population qui vit avec moins de 1 026 euros par mois** pour une personne seule.

12 101 416 personnes ont décidé de ne pas aller voter pour le second tour des élections présidentielles de 2017, soit **25,44 % des électeurs.** Un pourcentage qui augmente d'élection en élection. Ajouté à cela, **4 millions d'électeurs ont opté pour un vote blanc (8,51 %) ou nul (2,96 %), soit 11,47 % de votants**.

25 % des Français sont bénévoles dans des associations en 2018. En Europe, **les Pays-Bas, la Suède, l'Autriche et le Royaume-Uni comptent au moins 40 % de bénévoles. La Bulgarie,** la Grèce, l'Italie et la Lituanie sont en dessous des 10 %.

Les objectifs pour 2030

Refondre en profondeur le système démocratique

avec, par exemple :
→ la reconnaissance du vote blanc ;
→ des élections présidentielles faites au jugement majoritaire plutôt qu'au suffrage majoritaire;
→ la mise en place d'une assemblée citoyenne ;
→ l'instauration d'un nouvel indice pour mesurer l'état de santé de notre pays : le bonheur intérieur brut

Inscrire des limites planétaires dans l'article nº 1 de notre Constitution

Instaurer le revenu universel

sur tout le territoire français

Mettre à disposition les habitations inoccupées à destination des sans-abri et des migrants

2,8 millions de logements sont vacants en France, soit 8 % de l'ensemble du parc résidentiel

Pour commencer

Le Larousse définit la société comme un « ensemble d'êtres humains vivant en groupe organisé ». Pourtant, à l'heure de la « société individualiste de masse », force est de constater que nous vivons de plus en plus en « groupes désorganisés, décorrélés, voire opposés ».

Revenir au sens et à la radicalité du mot « société », remettre le vivre-ensemble au cœur de notre vie est une urgence qui en induit bien d'autres.

Pour aller plus loin

Vous voulez insuffler une nouvelle dynamique dans votre quartier mais vous vous sentez trop seul pour mener à bien cette mission ? L'association *Voisin malin* peut vous aider et vous donner confiance pour développer votre capacité d'initiative dans votre quartier. Rendez-vous sur *voisin-malin.fr*

les amis, c'est la vie !

1. **Je rejoins un réseau social de voisinage en ligne :** Sur *ensembl.fr*, *smiile.com*, *allo-voisins.com* ou encore *fr.nextdoor.com* pour rencontrer mes voisins et nous entraider au quotidien.
2. **Je célèbre la Fête des voisins dans mon quartier :** Pour rencontrer des personnes que je ne connais pas encore.
3. **Je vais voir mes voisins pour passer un moment de convivialité, ou quand j'ai besoin d'un coup de main,** d'un outil et même sans raison particulière.
4. **J'invite mon entourage à manifester pour des causes qui me tiennent à cœur :** Pour unir les gens dans la préservation des acquis fondamentaux de notre société et en développer de nouveaux.
5. **Je crée un lien avec mes voisins sans abris en rejoignant le réseau Entourage :** Pour en savoir plus : *entourage.social*

La technologie au service de la citoyenneté

Démocratie représentative oblige, nous nous sentons trop souvent déconnecté de notre capacité de citoyen à faire vivre le débat démocratique. Et, s'il existe de nombreux espaces physiques qui ont vocation à nous faire expérimenter notre citoyenneté, retisser un lien avec notre responsabilité démocratique tout en portant notre voix auprès des élus politiques peut se faire *via* la technologie. Bien qu'assez marginales pour l'instant, de plus en plus d'applications ont été développées pour aller dans ce sens.

aux armes, citoyens !

1. **Fluicity, solution d'engagement citoyen,** permet la prise de décision collective autour des sujets d'intérêt général.
2. **Je fais remonter mes remarques sur ma ville grâce aux applications :** Pour signaler et localiser les anomalies à Paris : DansMaRue / Pour faire entendre la voix du peuple de la ville d'Anglet : PopVox / Pour faire remonter les problèmes à Montmagny : Tell My City / Neocity (*neocity.fr*) et Lumiplan (*smartphone.lumiplan.com*) sont des plateformes reprises par de nombreuses villes.
3. **Stig permet de construire la volonté générale en temps réel** à l'échelle nationale, locale et de la circonscription avec d'autres citoyens.
4. **Pour le citoyen connecté :** Voxe est la boîte à outils qui rend lisible le débat public et permet à tous de mieux s'engager. RDV sur *voxe.org*
5. **Pour prendre des décisions de manière transparente et collective :** DemocracyOS.
6. **Au service des citoyens acteurs du changement :** *Communecter.org* est un réseau sociétal innovant.

Pour vivre mieux

50 millions de Français – plus des 3/4 de la population – habitent en ville, selon les données 2016 de l'Insee. Des villes en perpétuelle mutation où les individus ont tendance à se sentir isolés. Ce sentiment est particulièrement vivace pour ceux qui sont les plus en marge de la société, migrants et sans-abris en tête, qui vivent à quelques mètres de nous et qui sont pourtant sans toit, souffrent d'exclusion et survivent dans des conditions déplorables. Une violence inouïe que nous pouvons atténuer.

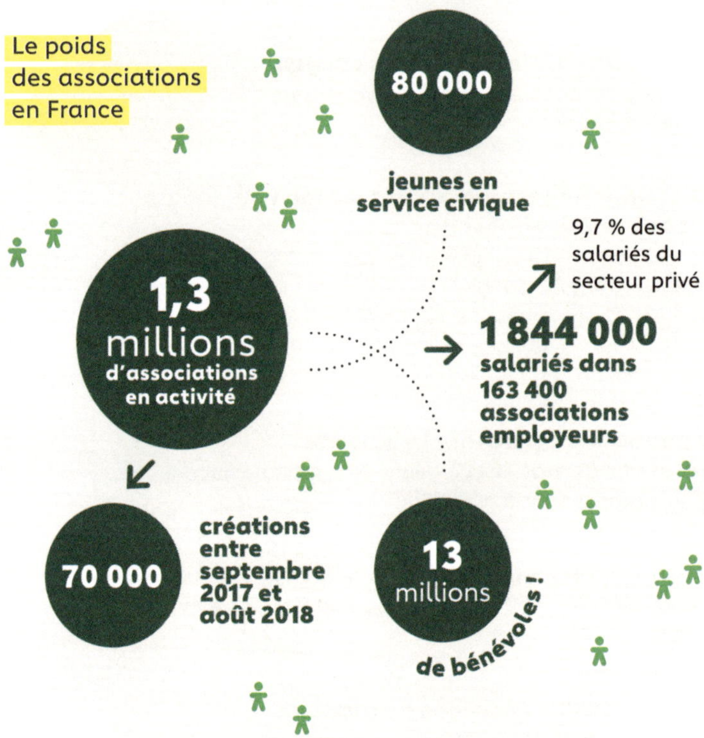

Recherche et Solidarités • 2018

engageons nous ! ↙

1 **Je participe à des maraudes pour aller à la rencontre des personnes de la rue** avec le Secours catholique, la Croix-Rouge française ou encore Emmaüs Solidarité. Une leçon de vie et des moments de partage simples qui nous relient à l'essentiel.

2 **Je donne mes objets inutilisés en bon état en les mettant à disposition dans des Givebox** (boîtes à dons) situées dans l'espace public. Plus d'information sur la page Facebook @GiveboxFrance.

3 **Je participe à des événements festifs qui visent à recréer du lien social avec les plus exclus,** comme la soupe impopulaire de La Cloche ou les réveillons de Noël.

4 **Je récupère les invendus alimentaires dans les supermarchés pour les distribuer aux centres d'accueil avec des associations** comme les Éco-Charlie, le Secours populaire français ou le Chaînon manquant.

5 **Je sauve des vies en donnant mon sang lors de collectes de l'Établissement français du sang :** Pour faire un pas de plus, vous pouvez également devenir « veilleur de vie » en vous inscrivant sur les listes des donneurs de moelle osseuse.

6 **Je deviens un citoyen actif en me formant aux premiers secours avec la formation PSC1.**

7 **J'accueille des migrants chez moi :** Le dispositif d'accueil Calm mis en place par Singa France connecte des personnes réfugiées à la recherche d'un accueil temporaire avec des particuliers disposant d'une chambre pour les accueillir. Le Samu social de Paris a également mis en place le programme Elan pour faciliter cette démarche.

Le bon plan
Je laisse un café suspendu dans le bar de mon quartier.

Au moment de payer votre café dans ce bar du coin que vous fréquentez régulièrement, ajoutez un autre café à votre note pour qu'il soit « suspendu ». et inscrit sur un panneau visible derrière le bar. Les personnes démunies pourront alors demander à consommer un des cafés payés en avance. Et si le propriétaire du bar ne connaît pas le principe, prenez le temps de lui expliquer pour qu'il puisse le mettre en place rapidement. On peut même aller plus loin avec le système des repas suspendus.

Pour aller plus loin

Je facilite les déplacements en ville des personnes à mobilité réduite en augmentant le nombre d'établissements référencés sur *Jaccede.com*. C'est simple, tout le monde peut le faire, il suffit de recenser l'accessibilité des lieux de votre quartier avec l'application *Jaccede*.

Pour avoir de l'impact

Au regard du désamour qui grandit sans discontinuer entre les citoyens et les instances politiques de notre pays, redonner un nouveau souffle à notre démocratie est une priorité.

Chez les jeunes qui ne se sentent plus du tout représentés et qui envisagent leur avenir de manière très pessimiste, cette fracture est particulièrement visible.

Plus qu'un rafraîchissement, c'est une réinvention profonde du système que nous allons devoir mettre en place ensemble dans les prochaines années.

L'abstention et le désengagement politique des citoyens

les chiffres de l'abstention au premier tour des élections présidentielles, législatives, municipales et européennes de 1958 à 2019, en pourcentage des électeurs inscrits

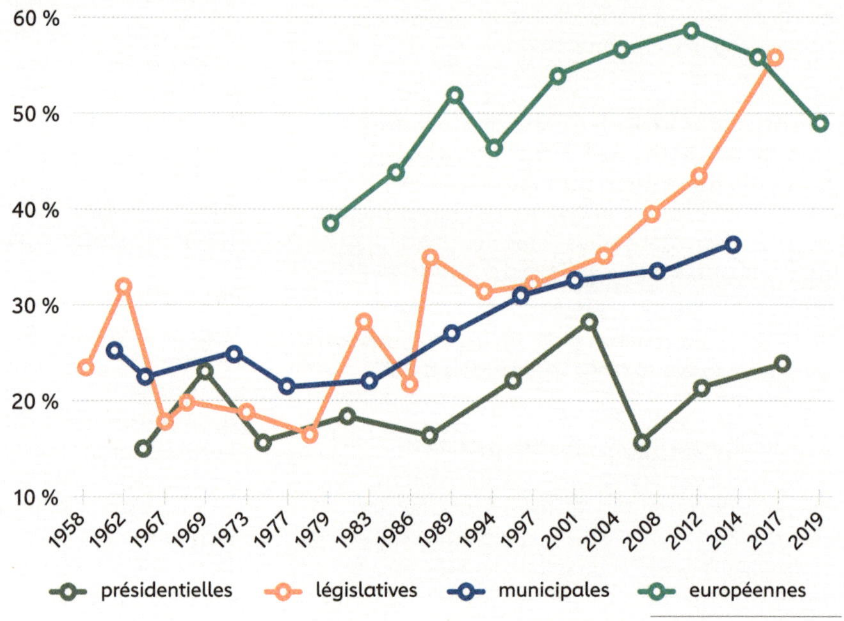

Ministère de l'Intérieur

1 **Je participe au budget participatif :** Un processus de démocratie participative par lequel des citoyens ont la possibilité d'affecter une partie du budget d'investissement de leur collectivité territoriale à des projets portés par les habitants eux-mêmes. Dans la capitale par exemple, les Parisiens décident, de l'utilisation de 5 % du budget depuis 2014, soit un demi-milliard d'euros.

2 **Je participe aux conseils de mon quartier :** Obligatoires pour les villes de plus de 80 000 habitants depuis la loi du 27 février 2002 (et facultatifs pour les villes de plus petite taille), les conseils de quartier peuvent être consultés par le maire et faire des propositions sur toute question concernant le quartier ou la ville. Lieux d'information, de débats et de réflexions sur la vie de quartier et les projets d'aménagement et d'amélioration, s'y retrouvent élus municipaux, personnalités représentatives, associations et habitants, pour s'occuper notamment des questions relevant de la politique de la ville.

3 **Je participe aux sessions publiques du conseil municipal :** Présidé par le maire, le conseil municipal a une compétence générale pour la gestion des affaires de la commune. Il se réunit publiquement au moins une fois par trimestre. Bien que notre champ d'action dans le cadre de notre démocratie soit limité au niveau du pays, ne devrions-nous pas nous mobiliser pour proposer des avancées primordiales ?

le roi de la politique ←

4 **Je milite pour des élections au jugement majoritaire aux élections présidentielles :** Il n'y a pas que le mode de scrutin majoritaire dans la vie. Vivement critiqué, il force l'électeur à voter pour un seul candidat et favoriserait les grandes formations politiques au détriment des « petites ». Pourtant, d'autres options existent. C'est le cas du jugement majoritaire qui, plutôt qu'un seul vote pour le candidat de votre choix, vous permet d'attribuer à chaque candidat une mention « Très bien », « Bien », « Assez bien », « Passable », « Insuffisant » ou « À rejeter ». Découvrez ce qu'auraient donné les élections de 2017 au jugement majoritaire en vous rendant sur *jugementmajoritaire2017.com*. Vous pouvez utiliser ce fonctionnement pour organiser un vote grâce à la plateforme *jugementmajoritaire.net*

5 **J'œuvre à la prise en compte du vote blanc :** Depuis les années 1980, le nombre de votes blancs et nuls augmente régulièrement. La prise en compte des votes blancs n'est que symbolique puisqu'ils ne sont pas considérés comme des suffrages exprimés et n'ont donc aucun poids dans le scrutin. Aujourd'hui, des collectifs militent pour que le vote blanc soit comptabilisé comme un suffrage exprimé dans les résultats des élections. C'est notamment le cas du Parti du vote blanc (*parti-du-vote-blanc.fr*).

Pour faire soi-même

L'être humain est-il voué à limiter sa consommation, avec comme seule obsession de polluer le moins possible ? Et si, au-delà de ça, notre impact sur la planète pouvait être positif ? Et si nous arrivions à inverser la tendance ? Ce pouvoir de régénération peut commencer à s'exprimer dans nos villes où la place de la nature a été réduite à la portion congrue. Le temps est venu de remettre la flore au cœur de nos quartiers.

Top 10 des villes vertes en France

(pour les villes de plus de 200 000 habitants)

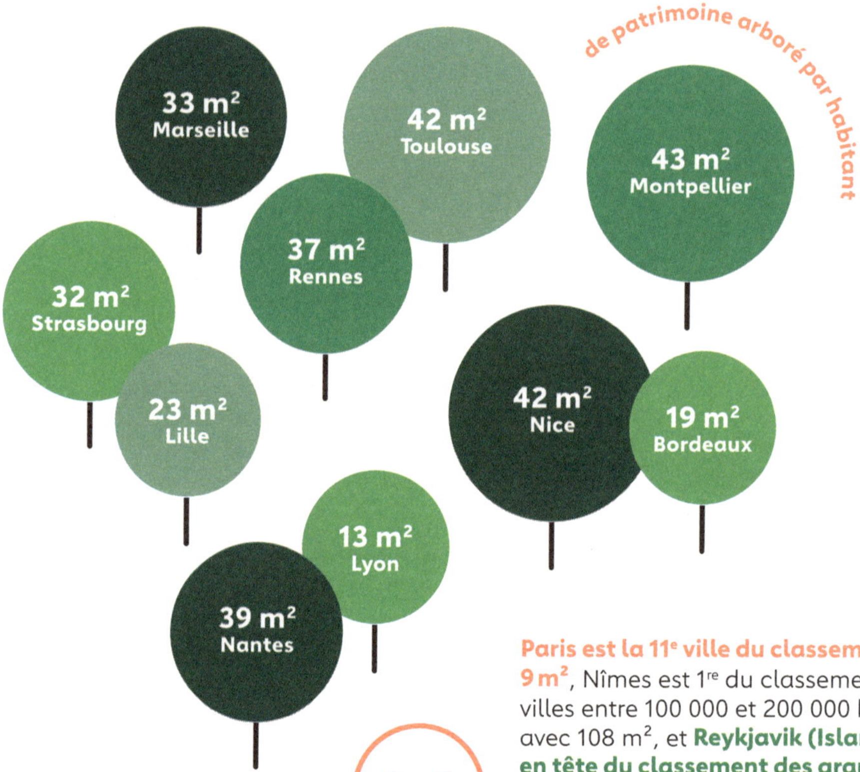

Paris est la 11e ville du classement avec 9 m^2, Nîmes est 1re du classement des villes entre 100 000 et 200 000 habitants, avec 108 m^2, et **Reykjavik (Islande) arrive en tête du classement des grandes villes mondiales avec 411 m^2**, suivie d'Auckland (Nouvelle-Zélande) avec 357 m^2 et Bratislava (Slovaquie) avec 332 m^2.

Le permis de végétaliser

Saviez-vous qu'il était possible de jardiner en ville ?

Alors oui, cela paraît évident pour ceux qui ont un jardin, mais on peut aussi mettre à profit ses talents de jardinier dans l'espace public, à condition de respecter certaines règles. En effet, de plus en plus de villes offrent aux amateurs de jardinage la possibilité de végétaliser certains espaces du domaine public, notamment un pied d'arbre, la façade de sa maison mais aussi une jardinière au coin de sa rue pour y faire pousser des fleurs.

Ce permis a été démocratisé par Paris en 2015 et, depuis, des dizaines de villes suivent le mouvement. Pêle-mêle, c'est le cas de Lille, Fresnes, Rennes, Deuil-La Barre, ou encore Montpellier.

Pour demander votre permis de végétaliser, le plus simple est de passer par le formulaire en ligne mis à disposition sur le site Internet de votre ville. Après avoir déposé votre demande, la ville vérifiera la faisabilité de votre projet pour validation. Si le permis vous est accordé, vous pourrez même recevoir du matériel pour vous aider dans votre démarche. De votre côté, n'hésitez pas à vous rapprocher des associations expertes dans l'agriculture urbaine et la revégétalisation urbaine pour profiter de leur expertise et mettre toutes les chances de votre côté.

Un acte loin d'être anodin ! Végétaliser votre rue est même un acte militant puisque vous permettez à la nature de regagner du terrain face au minéral. Chacun peut ainsi s'approprier l'espace public pour en faire un lieu vivant. Et comme souvent quand on s'occupe d'elle, la nature nous le rend bien puisque tous ces projets permettent, en passant, de recréer du lien entre les habitants d'un même quartier.

D'autres idées pour aller plus loin

→ Rejoindre les Incroyables comestibles *lesincroyablescomestibles.fr*

→ S'allier au mouvement de la Green Guerrilla *guerilla-gardening-france.fr*

→ Planter des graines mellifères avec les zones de BZZZ de l'association Agir pour l'environnement *agirpourlenvironnement.org*

Pour mobiliser

La désobéissance civile pour dire stop à la destruction du Vivant

Depuis le début du mouvement pour le climat, aussi bien en France qu'à l'étranger, le principe de désobéissance civile a repris de l'ampleur.

De quoi s'agit-il ?

C'est une forme de résistance non violente qui affirme le refus d'obéir à une loi injuste. Très ponctuelles, ces actions ont avant tout pour objectif d'attirer l'attention de l'opinion publique et de créer un mouvement de masse. À noter que la désobéissance civile restant toutefois illégale, les personnes s'inscrivant dans cette démarche s'exposent au risque d'affrontement avec les forces de l'ordre et d'encourir des poursuites judiciaires, en fonction des actions mises en place.

Ces derniers mois, les actions de blocage ont été particulièrement à l'honneur, que ce soit le blocage d'un espace public, comme le 17 novembre 2018 avec le blocage des cinq principaux ponts de Londres par plusieurs milliers de participants, ou de l'accès à des bâtiments, comme le 19 avril 2019, journée pendant laquelle 200 personnes ont bloqué les accès aux tours de Total, EDF, Société générale ainsi que le ministère de la Transition écologique et Solidaire à la Défense.

Pour avoir plus d'informations sur la désobéissance civile et les futures actions, rendez-vous sur *anv-cop21.org* et *extinctionrebellion.fr*

Conseils : les techniques de désobéissance civile

Exemples de méthodes non violentes destinées à bloquer un lieu ou à résister à son évacuation

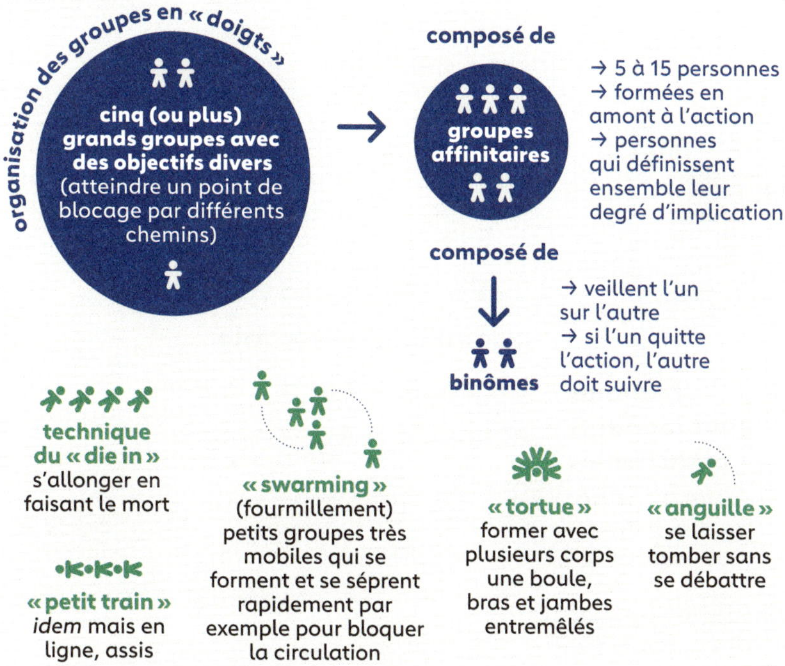

Ça marche • **Extinction Rebellion**

Né en octobre 2018 au Royaume-Uni, Extinction Rebellion est un mouvement mondial de désobéissance civile en lutte contre l'effondrement écologique et le réchauffement climatique. En sept mois d'actions symboliques et déterminées, il a réussi à faire voter l'état d'urgence climatique par le parlement britannique suivi, quelques jours plus tard, par le parlement irlandais

Le focus • **Les pétitions, vraies bonnes idées ?**

Éternel débat s'il en est, l'efficacité des pétitions, c'est-à-dire leur pouvoir d'influence sur les décideurs politiques, reste assez marginal, même si certains coups d'éclat ont marqué l'histoire récente (Halte à la destruction des fonds marins en 2013, L'Affaire du siècle en 2018). Il en ressort que le clictivisme n'est pas une fin en soi car, si les pétitions soulèvent les foules, elles n'ont pour vertu que de rendre un phénomène, ou un scandale, visible plutôt que de susciter des mesures et changements politiques concrets.

Pour agir collectivement

En bonus dans les outils détachables

La lettre à envoyer à votre maire ou aux candidats aux prochaines élections municipales pour les inviter à s'engager sur les mesures du *Pacte pour la transition*.

Parce que faire son devoir de citoyen dépasse largement le simple fait d'aller voter à chaque élection, prenons le temps d'explorer les initiatives de démocratie citoyenne qui peuvent donner un second souffle à un système français à l'agonie, voire qui proposent de le réinventer complètement.

Le Pacte pour la transition : construire ensemble les communes résilientes et solidaires de demain

Le Pacte pour la transition contient 32 mesures concrètes pour construire des communes plus écologiques, plus solidaires et plus démocratiques.

Porté par plus de 50 ONG, il a été conçu pour vous donner des idées de changement pour votre commune et comme un outil de dialogue avec vos candidates et candidats aux élections municipales de mars 2020.

Le Pacte pour la transition vous donnera des idées d'actions à lancer près de chez vous, des éclairages sur le rôle des pouvoirs publics locaux et donc des pistes de projets à construire avec vos élus locaux. Avant les élections municipales, les mois qui viennent sont l'occasion de rêver pour votre commune !

Vous avez envie d'énergie renouvelable, de plus de bio dans les cantines, d'un accueil digne pour les personnes migrantes, de pouvoir décider de l'avenir de la commune ? Discutez-en avec vos amis, vos voisins pour établir vos priorités, ce que vous voulez faire bouger (ou au contraire préserver) dans votre commune. Ensuite, allez voir vos candidats aux municipales pour obtenir des engagements concrets !

Par où ça commence ?

1. Tenez-vous informé de ce qui se passe dans votre commune en vous inscrivant sur pactetransition.org

2. Créez un collectif local dans votre commune et profitez de l'accompagnement des 50 organisations partenaires du Pacte pour la transition.

3. Choisissez les mesures et actions qui vous semblent prioritaires avec vos amis, vos voisins et les associations locales.

4. Allez parler aux candidats aux élections municipales de mars 2020 de votre commune !

Pour en savoir plus, rendez-vous sur pacte-transition.org

Se documenter pour aller plus loin

L'Association internationale de techniciens, experts et chercheurs (Aitec) vient de publier un rapport sur la résistance des collectivités locales et les alternatives existantes à la libéralisation, décrivant les pistes à saisir pour créer un « écosystème » d'alternatives et renouveler ou inventer des formes de gouvernance locale plus démocratiques, justes et durables. Un document très complémentaire au Pacte pour la transition intitulé « Collectivités locales, reprendre la main, c'est possible » est disponible sur aitec.reseau-ipam.org

Comprendre pour aller plus loin

Vous l'aurez compris, face à l'urgence, nous n'avons plus le temps d'attendre de maîtriser parfaitement un sujet pour agir. Est-ce que cela veut pour autant dire qu'il faut passer à l'action tête baissée et ne plus jamais se retourner ?

Absolument pas ! Bien au contraire même, c'est en conservant notre esprit critique que nous pourrons continuer à avancer sereinement et méthodiquement, en réajustant presque en permanence notre boussole pour être certain de toujours garder le bon cap : celui d'un monde durable, égalitaire et bienveillant pour le Vivant dans la globalité.

En conséquence,
voici une liste de ressources pour aller plus loin tout au long de votre parcours écocitoyen.

Les rapports

→ *Dossier de synthèse du scénario négaWatt 2017-2050* • Publication de l'association négaWatt, 2017.

→ *Groundswell : Se préparer aux migrations climatiques internes* • Rapport de La Banque Mondiale, 2018.

→ *Rapport spécial du GIEC sur les conséquences d'un réchauffement planétaire de 1,5 °C* • 2018.

→ *Comment s'aligner sur une trajectoire compatible avec les 1,5 °C ?* • Étude de B & L Evolution, 2018.

→ *Le Dangereux déclin de la nature. Un taux d'extinction des espèces « sans précédent » et qui s'accélère* • Rapport de l'IPBES, 2019.

→ *Services publics ou fortunes privées ?* • Rapport d'Oxfam, 2019.

→ *Ne laisser personne pour compte* • Rapport mondial des Nations Unies sur la mise en valeur des ressources en eau, 2019.

→ *Faire sa part ? Pouvoir et responsabilité des individus, des entreprises et de l'État face à l'urgence climatique* • Publication de Carbone 4, 2019.

Les livres

→ *L'Âge des low tech. Vers une civilisation techniquement soutenable* • Philippe Bihouix, Seuil, 2014.

→ *Comment tout peut s'effondrer ? Petit manuel de collapsologie à l'usage des générations présentes* • Pablo Servigne, Raphaël Stevens, Seuil, 2015.

→ *Trois amis en quête de sagesse* • Christophe André, Alexandre Jollien, Mathieu Ricard, L'iconoclaste / Allary Éditions, 2015.

→ *Le monde va beaucoup mieux que vous ne le croyez* • Jacques Lecomte, Les Arènes, 2017.

→ *L'Économie symbiotique. Régénérer la planète, l'économie, la société* • Isabelle Delannoy, Actes Sud, 2017.

→ *Une autre fin du monde est possible* • Pablo Servigne, Raphaël Stevens, Gauthier Chappelle, Seuil, 2018.

→ *Zéro déchet. Le manuel d'écologie quotidienne simple, pratique et à l'usage de tous* • Julie Bernier, Solar Éditions, 2019.

→ *Ne plus se mentir. Petit exercice de lucidité par temps d'effondrement écologique* • Jean-Marc Gancille, Rue de l'Échiquier, 2019.

→ *Famille en transition écologique* • Jérémie Pichon, Bénédicte Moret, Thierry Souccar, 2019.

Les documentaires

→ *L'Urgence de ralentir* • Philippe Borrel, 2014.

→ *Cowspiracy* • Kip Andersen, Keegan Kuhn, 2014.

→ *Demain* • Cyril Dion, Mélanie Laurent, 2015.

→ *En quête de sens* • Marc de La Ménardière, Nathanaël Coste, 2015.

→ *Qu'est-ce qu'on attend ?* • Marie-Monique Robin, 2016.

→ *Nous sommes l'Humanité* • Alexandre Dereims, 2016.

→ *La Terre vue du cœur* • Iolande Cadrin-Rossignol, 2018.

→ *L'Homme a mangé la Terre* • Jean-Robert Viallet, 2019.

Le modèle capitaliste actuel se nourrit des non-dits, de nos compromis mous, de nos oppositions stériles, de notre passivité, de nos incohérences, de nos démissions… Il n'est pourtant jamais trop tard pour s'y mettre et tout le monde peut se lancer dans son parcours écocitoyen à sa manière puisque nous sommes prêts à être ambitieux, rassembleurs et bienveillants. Si l'exemplarité est fondamentale, l'expérimentation de cet idéal change tout.

Or, pour virer de bord et changer de cap, c'est d'un revirement collectif que nous avons besoin, d'un changement d'ampleur qui ne sera possible qu'avec chacun d'entre nous proposant des opportunités d'expérimentation à notre entourage dans tous les espaces que nous fréquentons : notre foyer, notre entreprise, notre quartier, notre école, notre association, nos services publics… ce maillage étroit qui dessine nos vies, nos villes, nos régions, notre pays.

Stop aux petits pas déculpabilisants, aux B.A. individuelles, aux actions collectives ponctuelles qui brillent comme les feux de paille et bienvenue à un parcours écocitoyen d'ampleur sur lequel chacun s'est transformé pour entraîner son entourage à sa suite.

C'EST NOTRE SEULE MANIÈRE D'ENCLENCHER LE CHANGEMENT EXPONENTIEL DONT NOUS AVONS TANT BESOIN.

Mobiliser

Seul
on va plus vite,
ensemble
on va plus loin

Échanger pour construire plutôt que pour persuader

«L'expérience est une lumière qui n'éclaire que celui qui la porte.»

Combien de fois m'est-il arrivé de mettre un sujet sur la table, persuadé de transmettre une vérité qui allait apparaître comme telle à chacun ! Or, il n'en était rien et c'était toujours la même histoire : l'impasse de l'incompréhension et de la déception.

La communication non violente

Les quatre étapes fondamentales

- Observer (une situation) sans jugement.
- Identifier et exprimer ses émotions.
- Se sentir responsable de ses émotions.
- Faire une demande raisonnable qui enrichit sa vie.

À la lumière de ces principes, nous ne pouvons plus continuer à juger les autres selon nos opinions, nos valeurs, nos croyances. Nous ne possédons pas LA vérité mais seulement une partie. C'est d'ailleurs souvent dans les jugements que la violence prend sa source : en jugeant quelqu'un, on risque de le blesser. À nous de prendre de la distance pour observer calmement la situation, de la manière la plus neutre possible.

Vient ensuite le moment de formuler des demandes précises, négociables, en lien avec nos besoins personnels plutôt que des remontrances, des exigences et des sous-entendus ironiques.

Vous aurez beaucoup plus de chance d'être entendu en disant : «Je me sens dépassé par l'urgence climatique et le fait que tu ne t'y intéresses pas me fait vraiment peur. Est-ce que tu pourrais, s'il te plaît, regarder cette vidéo pour qu'on en parle ensemble ensuite ?» plutôt que : «Tu vis comme une autruche ! J'imagine que faire face à la réalité est au-dessus de tes capacités morales et intellectuelles...»

Faire preuve d'empathie

Face à une réalité qui bouscule, nous avons tendance à négocier avec nous-mêmes et à refuser une réalité qui dérange. Plutôt que de reprocher leur immobilisme aux membres de notre entourage, leur donner le maximum d'opportunités et d'espaces pour créer un déclic est bien plus efficace.

Et si c'est de la colère qui vous arrive en retour, il ne faut jamais la prendre pour soi. Il est en réalité très probable que celui qui fait ressortir cette violence à votre égard soit désarmé et ne sache pas quoi faire de cette colère qui n'est que l'expression de son désarroi.

La courbe du deuil vient éclairer cette réaction sous un jour nouveau. Pour dépasser une épreuve pénible, chacun doit d'abord faire un travail sur soi-même afin d'accepter la situation dérangeante. Et nous pouvons tous anticiper cette courbe du deuil pour que le passage par toutes ces étapes soit le moins douloureux possible. Sensibiliser nos proches, c'est aussi savoir les accompagner dans le difficile processus de compréhension des dangers de notre système et de nos responsabilités dans ce qui va se jouer à l'avenir.

Le processus du deuil

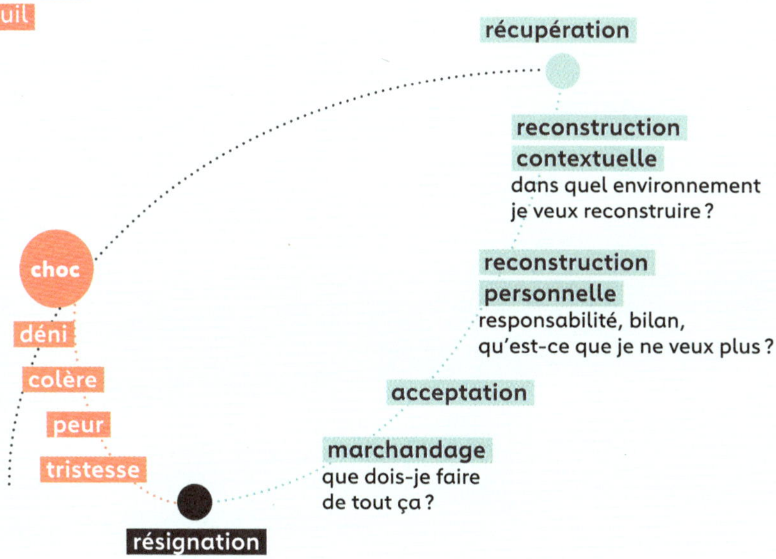

Qu'on le veuille ou non, malgré l'urgence, chacun vit son propre déclic et nous ne pouvons, qui que nous soyons, imposer cette urgence d'agir à personne. Notre rôle se borne à proposer le maximum d'options, de solutions qui sont autant d'opportunités constructives pour que ceux que nous côtoyons quotidiennement puissent accélérer leur passage à l'action.

Montrer ce qu'on a à gagner plutôt que ce qu'on a à perdre

Les scientifiques s'accordent à dire que nous allons vivre des changements majeurs du système Terre dans les prochaines décennies. Seulement voilà, la manière de présenter les choses peut avoir un rôle clé dans votre capacité à mobiliser autour de vous.

S'avoir s'adapter à son public

Se faire l'interprète d'un message alarmant en jouant sur la peur et/ou sur la colère peut s'avérer fédérateur et entraîner un changement important chez votre interlocuteur, mais savoir s'adapter à son auditoire est essentiel pour être sûr de faire mouche. Car si ces émotions sont un moteur chez ceux qui sont déjà engagés, elles peuvent en même temps paralyser les plus novices qui risquent de se sentir dépassés par l'ampleur de la tâche.

Ainsi :

→ **Une personne née en 1945** a pu profiter d'un budget carbone de **581 tonnes de CO_2**.

→ **Une personne née en 1980** a un budget carbone total de **369 tonnes de CO_2**.

→ **Un enfant né en 2016** a à sa disposition un budget carbone de **75 tonnes de CO_2** pour toute sa vie.

Un exemple :

Les enfants nés aujourd'hui en France vont devoir émettre 8 fois moins de CO_2 que leurs grands-parents afin de respecter un scénario qui nous permette de tenir en dessous des 1,5 °C de réchauffement.

Ces chiffres montrent à quel point l'effort pour limiter le dérèglement de nos écosystèmes est injuste dans sa répartition entre les générations. Se limiter à ces éléments pourrait faire naître un sentiment de colère chez les plus jeunes et ce serait bien normal... Qu'ils ne veuillent pas accepter les sacrifices que leur impose un tel héritage, légué par les générations précédentes qui ont fait preuve d'une inertie affligeante, peut se comprendre.

Proposer une nouvelle manière de vivre ensemble

Pourtant, si on change de perspective, cet effort à venir est une fantastique opportunité d'écrire une page particulièrement reluisante de l'histoire de l'Humanité. En effet, tout faire pour limiter le réchauffement sous les 1,5 °C (plutôt que 2 °C), c'est surtout agir pour sauver de belles choses et en gagner d'autres encore plus gratifiantes :

55 millions
de personnes **en moins** touchées par **la faim en Afrique** (par rapport à + 2 °C)
Cléments *et al.*, 2009

73 millions
de personnes **en moins** touchées par **des vagues de chaleurs extrêmes estivales en Europe** (par rapport à + 2 °C)
King *et al.*, 2018

2 fois moins
d'espèces animales et végétales menacées d'ici à la fin du siècle (par rapport à + 3 °C)
Warren *et al.*, 2018

153 millions
de vies supplémentaires pourraient être sauvées en limitant la pollution de l'air et la température à 1,5° C d'ici à la fin du siècle
Schindler *et al.*, 2018

18 millions
d'emplois nets pourraient créés grâce à la transition énergétique d'ici à 2030
Ilo, 2018

Au-delà de ça, nous sommes tout simplement à un moment unique de notre histoire : nous allons devoir réinventer notre organisation en société pour mettre le Vivant à la place qu'il mérite au centre ! Tout ce qui est responsable des dérives de notre époque actuelle (l'argent, le sens de la propriété, la politique, etc.) va devoir redevenir des moyens plutôt que des fins.

Nous allons pouvoir nous préoccuper de notre bonheur, de notre place dans la nature et de notre rapport au reste du Vivant. Quelle chance unique !

D'autant que nous n'avons rien à inventer ou presque ! Il n'y a qu'à regarder ce qui se fait dans la nature et ce que de nombreuses sociétés ont mis en place à des échelles locales partout sur le globe. Les communautés résilientes existent par milliers, qu'elles aient décidé de ne plus dépendre du pétrole, de reposer uniquement sur le troc, de se consacrer aux questions spirituelles, de mettre en place de nouveaux systèmes de coopération et de décision…

C'est à nous d'explorer cette permaculture des alternatives et de choisir quelles seront nos voies dans les prochaines décennies. Enthousiasmant, non ?

Construire un nouveau récit

Nous faisons désormais face à un impératif : créer un cadre pour que tout le monde ait envie de contribuer. Il est urgent de dépasser les clichés qui pèsent encore sur la démarche écocitoyenne et de proposer des pistes intelligibles et enthousiasmantes pour enfin faire basculer notre société dans la construction du monde d'après.

Oser avoir une existence créatrice

La démarche écocitoyenne est, de nos jours, presque toujours assimilée à une obligation de décroissance. Et si, effectivement, nous n'avons pas le choix que d'inverser complètement la tendance au niveau économique car la machine s'est emballée au cours des dernières décennies, il me semble regrettable d'envisager toute démarche écocitoyenne d'après un impératif de restriction.

Dit autrement, est-ce que nous, écolos, sommes voués à passer le restant de notre vie à compter au gramme près la quantité de CO_2 que va émettre chacune de nos habitudes héritées d'une époque aveugle ? Est-ce que notre objectif ultime est de limiter notre empreinte écologique au-dessous de ce que peut supporter une seule planète (contre près de trois planètes actuellement pour un Français) selon l'ONG Global Footprint Network. Pour en savoir plus, rendez-vous sur *footprintcalculator.org*

Il me paraît essentiel de dépasser la vision économique qui enferme l'individu dans la logique du consommateur-gaspilleur. Après tout, nous ne sommes pas que des porte-monnaie sur pattes qui ne vivons que pour consommer. Oui, nous devons mettre un terme à notre surconsommation le plus rapidement possible afin de retrouver de la place dans notre agenda (et la disponibilité intellectuelle qui va avec) pour recouvrer la liberté de lancer une démarche vertueuse créatrice.

Raconter son changement pour démultiplier son impact

C'est d'ailleurs sans doute notre plus grand pouvoir : celui de proposer un récit positif, concret et parlant des transformations écocitoyennes que nous vivons. Comment voulez-vous que vos amis, vos collègues, vos voisins ou encore votre famille restent insensibles à votre bonheur et à ce que vous vivez ? C'est impossible ! À force de vous côtoyer, les gens autour de vous se demanderont forcément quelle est votre potion magique. C'est vrai ça... le fait que vous soyez plus épanoui, plus dynamique va forcément éveiller leur curiosité, et là est votre chance.

Si votre entourage se met à vous poser des questions sur votre changement, alors vous avez gagné ! Imaginez plutôt, ce n'est plus vous qui mettez le sujet de l'écocitoyenneté sur la table mais ceux qui vous fréquentent qui vous demandent d'en parler. Ça change tout ! Les armures tombent, vous avez quartier libre pour inspirer ceux qui n'attendent plus que ça. La voie est ouverte : vous allez pouvoir les toucher au cœur plutôt que d'être cantonné au terrain de la raison.

À vous de jouer et d'occuper l'espace autant que possible avec la forme qui vous correspond le mieux. Chacun doit trouver son format pour raconter sa progression écocitoyenne de la manière la plus intime, la plus vivante, la plus colorée, la plus ludique possible. Le temps de pause, des repas, des escales à la machine à café et des trajets est à mettre à profit mais n'hésitez pas à aller plus loin. Lancer votre blog, votre vlog, envoyez une newsletter régulièrement, enregistrez des podcasts, prenez des photos... Bref, soyez inventif et surtout, soyez vous-même, car c'est de l'originalité et de l'inspiration de chacun que nous avons besoin pour occuper l'espace et montrer les variations infinies dans l'incarnation d'un futur joyeux et désirable pour que tout le monde s'y mette par plaisir plutôt que sous la contrainte !

Et n'oubliez pas...
#cavachangeravecnous

APRÈS LA CONSOMMATION DOCILE, PLACE À L'EXPÉRIMENTATION FERTILE !

Car nous avons tant à apporter. Nous pouvons trouver tous les moyens d'optimiser nos modes de vie et d'éviter le gâchis. Je reprends ici les exemples détaillés dans d'autres chapitres :

→ mettre en place un compost partagé dans nos quartiers pour revaloriser nos déchets organiques ;

→ partager nos anciens bouquins dans une boîte à livres ;

→ upcycler nos meubles pour leur donner une nouvelle utilité.

Mais nous pouvons aussi créer, régénérer et contribuer au redéploiement du vivant en :

→ végétalisant chaque espace urbain inutilisé ;

→ créant des zones de protection de la biodiversité, comme des hôtels à insectes ou des nichoirs à abeilles ;

→ soutenant des projets d'agroforesterie et de permaculture grâce à notre épargne.

Les 10 commandements **du changement écocitoyen**

1. Se rendre compte que notre imperfection est une chance.
2. Célébrer les petites et les grandes victoires.
3. Mettre à profit chaque jour comme une nouvelle chance de réussir.
4. Garder en tête que le changement n'est pas un sprint mais un marathon.
5. Faire en sorte que changer devienne un jeu.
6. Faire de sa démarche un modèle d'exemplarité.
7. Rester transparent sur ses échecs et honnête vis-à-vis de sa marge de progression.
8. Tout questionner partout et tout le temps.
9. Continuer à apprendre toute sa vie et être curieux.
10. Se rappeler en permanence que seul on va plus vite, mais qu'ensemble on va plus loin.

Les outils

pour faire vivre
le changement autour
de soi

ça commence par moi
STOP
PUB
soyons le changement

ça commence par moi
STOP
PUB
soyons le changement

ça commence par moi
STOP
PUB
soyons le changement

ça commence par moi
STOP
PUB
soyons le changement

ça commence par moi
STOP
PUB
soyons le changement

ça commence par moi
STOP
PUB
soyons le changement

KIT prêter/emprunter entre voisins

proposé par **Les** écolo**Humanistes**

Vous pouvez emprunter tout ça chez moi !

lesécolo**humanistes**.fr

Pour commencer, collez cet autocollant :)
Tout le monde comprendra la démarche.

Vous voulez prêter autre chose ?
Utilisez les jokers !

vélo

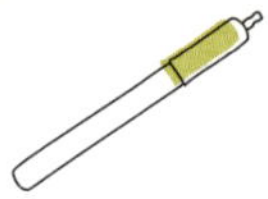
pompe à vélo

barbecue

outils de jardin

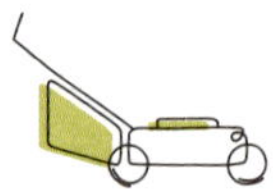
tondeuse

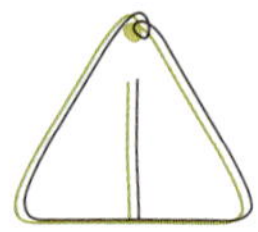
tente

matelas gonflable

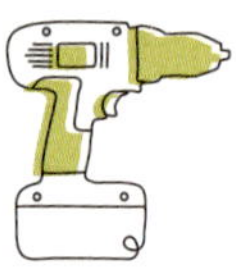
perceuse

outillage électrique

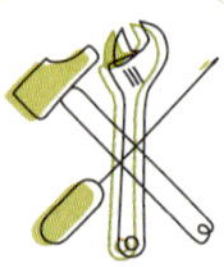
outils

escabeau

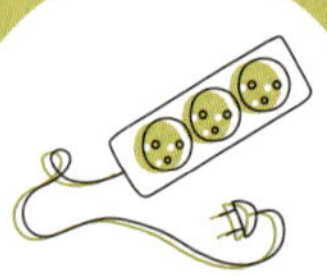
multi-prise

gaufrier

cafetière

robot cuisine

lesecolo**humanistes**.fr
c'est aussi une infographie par mois pour comprendre, simplifier et transmettre des initiatives #écolo**Humanistes**

On partage tout.
Suivez-nous !

ça va changer avec vous
sur cacommenceparmoi.org

ça commence par moi

STOP PUB

soyons le changement

ça commence par moi

STOP PUB

soyons le changement

ça commence par moi

STOP PUB

soyons le changement

ça commence par moi

STOP PUB

soyons le changement

ça commence par moi

STOP PUB

soyons le changement

Fait à ....

le ....../....../......

PLASTIC ATTACK

Madame, Monsieur,

Nous vous écrivons aujourd'hui dans le but de vous informer d'un événement que nous organisons ce ..../......./....... à ....h........., au magasin ....

Vous avez sans doute entendu parler des événements **«Plastic Attack»** qui ont eu lieu dans des supermarchés de diverses grandes villes d'Europe, notamment Bristol, Madrid et Bruxelles, et plus récemment à Montréal. L'opération est mondiale et s'est déjà tenue dans plus de 50 pays.

Nous inviterons les participants à venir faire leur courses comme d'habitude. Nous les accueillerons ensuite à la sortie et leur proposerons de déballer les aliments emballés inutilement (les transférer dans des sacs et contenants réutilisables), pour enfin rassembler ces emballages dans des caddies ou autre contenants à l'extérieur. L'objectif est de mettre en image de manière importante la quantité de plastique gaspillé à grande échelle pour que les gens puissent visualiser et prendre conscience de l'impact de leur consommation.

L'événement se veut pacifique et familial, donc tous les citoyens sont invités à participer. Lors des récents événements organisés en Europe, les propriétaires de magasins alimentaires se sont même prêtés au jeu et ont su profiter du phénomène pour s'engager à réduire le suremballage et ainsi obtenir une excellente presse.
Notre but premier n'est pas de dénoncer un commerçant plutôt qu'un autre, mais de sensibiliser les consommateurs à ce problème environnemental mondial. Pour vous donner une idée des événements Plastic Attack, je vous invite à consulter des vidéos sur Internet. Pour en savoir plus, vous pouvez également vous rendre sur la page Facebook de Plastic Attack France :
facebook.com/plasticattackfrance

Nous souhaitons vous inviter à participer à notre événement. Il est important que ce débat soit porté sur la place publique et qu'il interpelle tous les intéressés, tant les citoyens, les partis politiques et les leaders en matière environnementale que les médias et les détaillants en alimentation eux-mêmes.

C'est avec plaisir que nous répondrons à vos questions si vous en avez. De plus, si vous pouviez communiquer notre événement sur votre page Facebook également, nous en serions ravis!

Bien cordialement,
Noms et contacts des organisateurs

PACTE pour la transition

CONSTRUIRE ENSEMBLE LES COMMUNES DE DEMAIN !

Le Pacte pour la Transition a vocation à engager les changements nécessaires à la résilience des communes et de leurs groupements en réponse aux enjeux majeurs des prochains mandats électoraux (écologiques, sociaux, démocratiques).

Il est composé de 32 mesures et de 3 principes transversaux.

Principe 1 : Sensibilisation et formation à la transition
Impulser et soutenir des actions de sensibilisation et de formation sur la transition auprès de différents publics : élu·es, agent·es territoriaux, jeunes, habitant·es, acteurs économiques, etc.

Principe 2 : Co-construction des politiques locales
Engager un processus de construction collective de politiques locales, en associant élu·es, citoyen·nes, agent·es et représentant·es des acteurs locaux, notamment pour la mise en œuvre et le suivi des engagements du Pacte pour la Transition.

Principe 3 : Intégration des impacts à long terme et de l'urgence climatique et sociale
Intégrer des critères environnementaux et sociaux décisifs dans les arbitrages sur les projets locaux pour répondre à l'urgence climatique et sociale tout en prenant en compte les impacts sur le long terme y compris dans l'organisation de la commune et ses groupements

	Niv 1	Niv 2	Niv 3
1. Se doter d'une politique ambitieuse d'achats publics responsables (incluant des dispositions sociales, environnementales et locales).	☐	☐	☐
2. Financer les projets de la commune prioritairement par des prêts issus de sources de financement éthiques.	☐	☐	☐
3. Alimenter les bâtiments et l'éclairage publics en énergie 100 % renouvelable et locale.	☐	☐	☐
4. Donner la priorité au logiciel libre dans le service public pour une informatique au service de l'intérêt général.	☐	☐	☐
5. Appuyer la structuration de filières paysannes, bio et locales, rémunératrices pour les agriculteurs et agricultrices.	☐	☐	☐
6. Préserver et développer le foncier agricole et accompagner l'installation de nouveaux agriculteurs et agricultrices dans une logique paysanne.	☐	☐	☐
7. Proposer une alimentation biologique, moins carnée, locale et équitable dans la restauration collective.	☐	☐	☐
8. Préserver et développer les trames vertes (couvert végétal), bleues (cycles de l'eau), brunes et noires (éclairage) pour redonner sa place au vivant sur le territoire.	☐	☐	☐
9. Mettre fin au développement de grandes surfaces commerciales sur le territoire.	☐	☐	☐
10. Protéger la ressource en eau, en assurer une meilleure qualité et un accès garanti à toutes et tous, en la considérant comme un bien commun.	☐	☐	☐
11. Enclencher une démarche territoire à énergie positive, en réduisant au maximum les consommations d'énergie et en développant la production et la consommation d'énergie renouvelable notamment citoyenne.	☐	☐	☐
12. Soutenir les constructions et rénovations à haute efficacité énergétique, ainsi que les conversions de systèmes de chauffage les plus polluants en accompagnant en particulier les ménages en situation de précarité énergétique.	☐	☐	☐

CONSTRUIRE ENSEMBLE LES COMMUNES DE DEMAIN !

	Niv 1	Niv 2	Niv 3
13. Contribuer à la fin des projets et infrastructures qui augmentent les émissions de gaz à effet de serre et font reculer la biodiversité.	☐	☐	☐
14. Renforcer l'offre, l'accès et l'attractivité de transports en commun sur le territoire.	☐	☐	☐
15. Donner la priorité aux mobilités vertes (marche, vélo) dans l'espace public.	☐	☐	☐
16. Limiter la place des véhicules les plus polluants et des voitures individuelles en ville.	☐	☐	☐
17. Développer une logistique urbaine du transport des marchandises adaptée aux caractéristiques de la commune.	☐	☐	☐
18. Impulser et financer une démarche collective de prévention, réemploi, valorisation des déchets en régie ou avec des acteurs de l'économie sociale et solidaire.	☐	☐	☐
19. Mettre en place une tarification incitative à la réduction et au tri des déchets pour tous les acteurs de la commune.	☐	☐	☐
20. Développer les habitats participatifs accessibles à toutes et à tous en favorisant l'émergence de nouveaux projets, en sensibilisant à l'habitat participatif, et en soutenant les projets actuels.	☐	☐	☐
21. Assurer l'accueil, l'accompagnement et la réinsertion des personnes en difficulté.	☐	☐	☐
22. Limiter la place de la publicité dans l'espace public.	☐	☐	☐
23. Assurer un accès et un aménagement de l'espace public non discriminant, assurant l'usage de tous et toutes, y compris des personnes les plus vulnérables.	☐	☐	☐
24. Garantir l'accès à un logement abordable et décent pour toutes et tous.	☐	☐	☐
25. Proposer gratuitement des lieux d'accompagnement au numérique avec une assistance humaine à destination de toutes et tous.	☐	☐	☐
26. Créer des dispositifs publics de premier accueil, à dimension humaine et en lien avec les acteurs associatifs, où pourraient se rendre librement les personnes étrangères à leur arrivée sur le territoire, quel que soit leur statut.	☐	☐	☐
27. Favoriser l'inclusion des personnes les plus éloignées du monde du travail avec une politique locale de l'emploi tournée vers la transition écologique du territoire et à dimension sociale.	☐	☐	☐
28. Mettre en place et renforcer les dispositifs de participation, d'initiative citoyenne, de co-construction de la commune et de ses groupements.	☐	☐	☐
29. Créer une commission extra-municipale du temps long pour représenter les intérêts de la nature et des générations futures, et s'assurer de l'adéquation des grands projets des communes et de leurs groupements avec les enjeux écologiques, sociaux, climatiques de moyen et long terme.	☐	☐	☐
30. Co-construire avec tous les acteurs concernés une politique associative locale volontariste, pour soutenir le dynamisme et la vitalité économique des initiatives associatives et citoyennes du territoire, garantir leur accessibilité à la plus grande partie de la population, reconnaître et protéger leur rôle critique.	☐	☐	☐
31. Mettre à disposition des initiatives associatives et citoyennes du territoire, les espaces et ressources pour favoriser leur collaboration, le lien social et le développement de tiers-lieux (espaces d'expérimentation, de partage, de co-gouvernance, etc.) largement ouverts à l'ensemble des habitant.es.	☐	☐	☐
32. Adhérer aux monnaies locales complémentaires et citoyennes et les mettre en place dans les services publics de la commune et de ses groupements, dans les budgets participatifs et dans le soutien aux associations.	☐	☐	☐

En signant le Pacte pour la Transition :

- Le.a candidat.e s'engage à respecter les 3 principes transversaux et à mettre en œuvre au moins 10 mesures choisies ;
- Le collectif local s'assure de la bonne mise en œuvre et du respect de ces engagements

Candidat.e	Collectif local

pacte-transition.org · @PacteTransition · @PacteTransition

ça va changer avec vous sur cacommenceparmoi.org

agir

ensemble

Fait à ....

le ..../......./.......

Madame/Monsieur le Maire,

Chaque année, 3 milliards de repas sont servis dans la restauration collective. La loi « Agriculture et Alimentation » récemment promulguée contient l'obligation d'intégrer 50 % de produits sous signe de qualité dont au moins 20 % de produits issus de l'agriculture biologique dans les repas à compter du 1er janvier 2022. Cela permettra de proposer une alimentation de qualité au plus grand monde et de développer une agriculture durable.

L'article 24 de la loi prévoit aussi qu'à titre expérimental, pour une durée de deux ans, les gestionnaires de restauration collective ont jusqu'au 1er novembre 2019 pour proposer au moins une fois par semaine un menu végétarien.

Au vu de l'urgence climatique et sanitaire à laquelle nous faisons face, nous vous demandons d'aller plus loin en proposant 2 menus végétariens par semaine et d'offrir, pour les autres menus composés de viande, une viande de qualité (prise en compte de critères tels que la taille de l'exploitation, type d'exploitation, type d'alimentation des animaux et circuit court). De plus, les menus végétariens devaient être composés avec un maximum de produits locaux et bio. Nous désirons voir notre ville devenir pionnière et exemplaire d'une restauration collective responsable et durable.

Car les changements sont possibles. Nous savons désormais qu'il est possible d'instaurer plus de produits bio et de menus végétariens dans les cantines grâce à une transformation globale des pratiques et à la mise en place d'investissements de départ : lutte contre le gaspillage alimentaire, installation de légumeries ou de fours à basse température, formation des gestionnaires et des cuisiniers au travail des protéines végétales, etc. Les leviers sont nombreux !

Face à ces enjeux, nous vous formulons la demande suivante : orienter dès aujourd'hui les priorités et les budgets de la ville vers ces pratiques vertueuses afin que les produits locaux, bio et les menus végétariens puissent investir massivement et sans plus tarder nos lieux de restauration collective.

De nombreuses actions concrètes existent déjà et d'autres villes ont déjà sauté le pas : les municipalités de Grenoble et Lille ont par exemple déjà mis en place avec succès 2 repas végétariens par semaine dans leurs cantines. Cette démarche est menée dans le cadre de la campagne Cantine verte à l'initiative de Greenpeace France. Plus d'informations sont disponibles sur *cantineverte.fr*

N'oublions pas que pour nombre d'entre nous, le repas en restauration collective à l'heure du déjeuner est parfois le seul repas équilibré de la journée.

Nous comptons sur vous !

agir

ensemble

MÉMO DU TRI

Coloriez de la bonne couleur chaque déchet en fonction de sa poubelle de destination !

→ le verre → les emballages
→ le papier → le compost
→ les ordures ménagères

Les consignes changent d'une ville à l'autre, l'idée est de pouvoir identifier les directives de votre ville et de les mémoriser en coloriant les déchets en fonction de leur poubelle de destination.

ça va changer avec vous sur cacommenceparmoi.org

yay • graphisme

agir

ensemble

agir

le compostage collectif

3 • Quelles sont les bonnes pratiques pour s'y mettre ? = 30 minutes

3.1 • Identification des top 5 = 15 minutes

Constituer 5 groupe (entre 2 et 4 personnes) et chaque groupe a la charge d'identifier un top 5 en 15 minutes (attention, les fiches action peuvent rentrer dans thématiques et les différents groupes peuvent se partager une ou plusieurs fiches en fonction des top 5) :

→ top 5 des actions les plus efficaces pour ***réduire les émission de CO_2;***

→ top 5 des actions les plus efficaces pour ***réduire la production de déchets ;***

→ top 5 des actions les plus efficaces pour ***protéger la biodiversité ;***

→ top 5 des actions les plus efficaces pour ***faire des économies d'argent;***

→ top 5 des actions les plus efficaces pour ***être en meilleure santé .***

3.2 • Présentation des top 5 = 15 minutes

À nouveau tous ensemble, chaque groupe présente rapidement le top 5 des actions qui lui semblent les plus pertinentes dans sa thématique et explique ses décisions.

N'hésitez pas à encourager les participants à rebondir sur certaines actions qu'ils auraient déjà mises en place dans leur quotidien pour faire au groupe un retour d'expérience.

À la fin de la présentation, tous les top 5 sont en évidence sur la table.

CONCLUSION • remerciements = 5 minutes

Prenez le temps de remercier les participants pour leurs partages et leur motivation.

Avant de partir, chaque participant devra partager avec le groupe la nouvelle bonne pratique qu'il mettra en place demain dans son quotidien et celle qu'il va creuser pour l'adopter dans le mois qui vient. Si vous le souhaitez, chaque participant peut l'écrire sur un tableau ou un morceau de papier pour garder une trace.

N'oubliez pas de renvoyer vers les associations, les magazines et sites Web qui vous inspirent au quotidien pour accompagner les participants dans leur parcours écocitoyen.

ça va changer avec vous sur cacommenceparmoi.org

yay • graphisme

ATELIER

QUIZ

→ livret de conseils ←

Consignes pour organiser un temps d'échange « ça va changer avec vous »

Vous voulez sensibiliser les gens que vous côtoyez au quotidien aux enjeux écocitoyens mais vous ne savez pas comment ? Et si vous organisiez un atelier en petit comité en vous servant de l'expérience « Ça commence par moi / Ça va changer avec vous » comme un prétexte ?

Ce format d'atelier a été testé et peaufiné pendant 3 ans. Il est valable aussi bien dans un lycée que dans une association, dans un espace de coworking que dans une entreprise.

ça va changer avec vous
sur cacommenceparmoi.org

la maison

la question

QUELLE EST LA PROPORTION D'ÉNERGIE RENOUVELABLE EN FRANCE ?

A → 1 % du mix énergétique
B → 5 % du mix énergétique
C → 15 % du mix énergétique

ça va changer avec vous
sur cacommenceparmoi.org

la maison

la question

QUELLE EST LA PROPORTION DE FOYERS FRANÇAIS QUI ONT UN SÈCHE-LINGE ?

A → 10 % des foyers
B → 30 % des foyers
C → 70 % des foyers

ça va changer avec vous
sur cacommenceparmoi.org

la maison

la question

COMBIEN COÛTENT LES APPAREILS EN VEILLE PAR FOYER ET PAR AN ?

A → 10 € par an
B → 50 € par an
C → 80 € par an

ça va changer avec vous
sur cacommenceparmoi.org

la maison

la question

QUELLE EST LA TEMPÉRATURE CONSEILLÉE DANS LES CHAMBRES EN HIVER ?

A → 17 °C
B → 20 °C
C → 23 °C

ça va changer avec vous
sur cacommenceparmoi.org

JE SÈCHE MES VÊTEMENTS À L'AIR LIBRE

Le sèche linge est le 2e produit électroménager en termes de consommation électrique à l'utilisation, derrière la plaque de cuisson électrique. En France, 30 % des foyers ont un sèche-linge alors qu'en moyenne, chaque cycle coûterait presque 1 euro !

→ J'arrête d'utiliser mon sèche-linge ou j'évite d'en acheter un si je n'en possède pas
→ Je fais sécher mes vêtements sur un fil à linge ou un tancarville

JE PASSE CHEZ UN FOURNISSEUR D'ÉLECTRICITÉ VERTE

Aujourd'hui en France, l'énergie nucléaire représente plus de 70 % du mix énergétique contre seulement 15 % pour les énergies renouvelables. Pour accélérer la transition, on réduit sa consommation d'électricité et on passe chez une coopérative 100 % verte et *made in France*.

→ Je découvre le comparateur de Greenpeace *guide-electricite-verte.fr*
→ Je passe chez Enercoop, Énergie d'ici ou Ilek

JE DIMINUE MA CONSOMMATION DE CHAUFFAGE

Le chauffage des logements correspond à 60 % des dépenses énergétiques des ménages. En hiver, la température idéale est de 19 °C dans le salon et 17 °C pour les chambres. En baissant d'1 °C vous économisez environ 7 % de l'énergie consommée par votre chauffage.

→ Je ferme les volets et les rideaux la nuit pour conserver la chaleur
→ Je règle la température du chauffage
→ J'éteins le chauffage quand je pars de chez moi plus de 3 jours

J'ÉTEINS MES APPAREILS EN VEILLE

En France, on estime qu'un réacteur nucléaire fonctionne en permanence pour alimenter les appareils en veille. Un gâchis qui coûterait environ 80 euros par an à chaque foyer. Télévision, box Internet, four à micro-ondes, autant d'objets technologiques qu'il est urgent d'éteindre.

→ J'installe des multiprises on/off
→ Je débranche mes chargeurs quand je ne les utilise pas
→ J'éteins les objets en veille la nuit (box wi-fi, chaîne hi-fi, radio, etc.)

la maison

la question

COMBIEN DE MILLIARDS DE LITRES D'EAU SONT UTILISÉS PAR LES W.-C. EN FRANCE ?

A → 1 milliard
B → 100 milliards
C → 1 000 milliards

ça va changer avec vous
sur cacommenceparmoi.org

la maison

la question

COMBIEN DE LITRES DE PRODUITS MÉNAGERS UN FOYER UTILISE-T-IL CHAQUE ANNÉE ?

A → 10 l par foyer
B → 40 l par foyer
C → 80 l par foyer

ça va changer avec vous
sur cacommenceparmoi.org

la maison

la question

COMBIEN DE LOGEMENTS EN FRANCE ONT LES NOTES F OU G (LES PIRES DU DIAGNOSTIC ÉNERGÉTIQUE) ?

A → 2,1 sur 35 millions
B → 7,4 sur 35 millions
C → 15,7 sur 35 millions

ça va changer avec vous
sur cacommenceparmoi.org

la maison

la question

QUELLE PART DE LA NOURRITURE MONDIALE DÉPEND DES INSECTES POLLINISATEURS ?

A → 25 % de la nourriture
B → 50 % de la nourriture
C → 75 % de la nourriture

ça va changer avec vous
sur cacommenceparmoi.org

JE FABRIQUE MES PRODUITS MÉNAGERS NATURELS

Un foyer français utilise en moyenne 80 l de produits ménagers par an. Malheureusement, les produits d'entretien classiques sont trop souvent polluants avec des effets très graves sur notre santé et sur la biodiversité.

→ J'utilise le vinaigre blanc comme nettoyant et détartrant naturel
→ Je fais ma lessive au savon de Marseille
→ Je débouche mes canalisations grâce au bicarbonate de soude, au gros sel et au vinaigre blanc

J'ÉCONOMISE L'EAU DES TOILETTES

Chaque année, dans les W.-C. en France, ce sont 100 milliards de litres d'eau qui sont utilisés. En moyenne 9 litres d'eau sont évacués à chaque chasse mais cela peut monter jusqu'à 18 litres d'eau pour les modèles plus anciens.

→ Je traque les fuites d'eau chez moi
→ J'installe une bouteille pleine d'1,5 l dans le réservoir des W.-C.
→ Si besoin, j'installe un mécanisme de chasse d'eau avec deux boutons

JE VÉGÉTALISE L'EXTÉRIEUR DE MON LOGEMENT

Premières victimes des pesticides, les abeilles sont menacées d'extinction avec un taux de mortalité qui atteint jusqu'à 80 % dans certaines ruches d'Europe. Pourtant, 75 % de la production mondiale de nourriture dépend des insectes pollinisateurs.

→ Je plante des fleurs mellifères dans ma jardinière ou dans mon jardin
→ Je fabrique un hôtel à insectes
→ Je garde des espaces sauvages dans mon jardin sans passer la tondeuse

JE FAIS RÉNOVER THERMIQUEMENT MON LOGEMENT

La France compte 7,4 millions de passoires énergétiques. Un chiffre préoccupant quand on sait que le bâtiment est le 2e secteur le plus émetteur de gaz à effet de serre en France avec 19 %.

→ Je me renseigne sur la rénovation en France en me rendant sur *faire.fr*
→ J'investis pour faire rénover mon logement afin d'atteindre au moins le niveau de performance B

l'alimentation

la question

QUELLE EST LA PROPORTION DE DÉCHETS ORGANIQUES DANS LA POUBELLE DES FRANÇAIS ?

A → 30 % de la poubelle
B → 50 % de la poubelle
C → 70 % de la poubelle

ça va changer avec vous
sur cacommenceparmoi.org

l'alimentation

la question

COMBIEN DE KILOS DE VIANDE UN FRANÇAIS MANGE-T-IL CHAQUE ANNÉE ?

A → 21 kg de viande
B → 58 kg de viande
C → 87 kg de viande

ça va changer avec vous
sur cacommenceparmoi.org

l'alimentation

la question

COMBIEN DE PAILLES SONT JETÉES CHAQUE JOUR DANS LES FAST-FOOD EN FRANCE ?

A → 600 000 pailles
B → 3 900 000 pailles
C → 8 800 000 pailles

ça va changer avec vous
sur cacommenceparmoi.org

l'alimentation

la question

QUELLE EST L'UTILITÉ PRINCIPALE DE L'HUILE DE PALME IMPORTÉE EN FRANCE?

A → Pour les carburants
B → Pour les produits de beauté
C → Pour l'alimentation

ça va changer avec vous
sur cacommenceparmoi.org

JE TENDS VERS UN RÉGIME VÉGÉTARIEN

Chaque Français consomme 87 kg de viande et 34 kg de poisson par an. À l'échelle mondiale, l'élevage représente près de 15 % des émissions de gaz à effet de serre d'origine humaine et l'ONU estime que la consommation de viande va grimper de 76 % d'ici 2050.

→ Je regarde le documentaire *Cowspiracy* pour comprendre les enjeux de la viande
→ Je préfère le poulet au bœuf
→ Je rejoins le mouvement Lundi Vert

JE COMPOSTE MES DÉCHETS ORGANIQUES

En France, les déchets organiques des ménages représentent environ 30 % du poids total de la poubelle. Composés à 70 % d'eau, il est dommage qu'ils terminent incinérés ou enterrés plutôt que de devenir une ressource précieuse pour les cultures grâce au compostage.

→ Je conserve mes déchets organiques et les dépose dans un compost de quartier
→ J'installe un lombricomposteur dans mon appartement ou je fabrique un bac à compost pour mon jardin

JE CONSOMME DES PRODUITS SANS HUILE DE PALME

30 % de la déforestation en Indonésie est faite au profit des palmiers à huile, un danger pour la biodiversité, le climat et les travailleurs. En France, 75 % de l'huile de palme importée sert aux carburants et 80 % des produits alimentaires mondiaux en contiennent encore.

→ Je me renseigne sur l'impact négatif de l'huile de palme dans le monde
→ Je traque les aliments contenant de l'huile de palme avec l'app Kwalito
→ J'achète des produits sans huile de palme

JE DIS STOP AUX PAILLES EN PLASTIQUE

On jetterait chaque jour 1 milliard de pailles non recyclables dans le monde, dont près de 9 millions rien que dans la restauration rapide en France. Les pailles sont le 7e déchet le plus ramassé en bord de mer.

→ Je refuse systématiquement les pailles en plastique dans les bars et les restaurants
→ J'achète une paille réutilisable en inox ou en bambou

l'alimentation

la question

QUELLE QUANTITÉ DE PLASTIQUE EST PRODUITE CHAQUE SECONDE DANS LE MONDE ?

A → 100 kilos de plastique
B → 1 tonne de plastique
C → 10 tonnes de plastique

ça va changer avec vous
sur cacommenceparmoi.org

l'alimentation

la question

QUELLE EST LA SIGNIFICATION DE L'ACRONYME AMAP ?

A → Assise des maraîchers ambitieux et pacifistes
B → Associations pour le maintien de l'agriculture paysanne
C → Assemblée du mouvement agricole pour la permaculture

ça va changer avec vous
sur cacommenceparmoi.org

l'alimentation

la question

QUEL EST L'OBJECTIF DE SURFACE CULTIVÉE EN BIO POUR 2022 EN FRANCE ?

A → 15 % des surfaces
B → 30 % des surfaces
C → 55 % des surfaces

ça va changer avec vous
sur cacommenceparmoi.org

l'alimentation

la question

QUE SIGNIGIENT LES SIGLES DLC ET DDM ?

A → Danger de laitage contaminé / donnée dépourvue de mensonges
B → Durée libre de conservation / directive directe du ministère
C → Date limite de consommation / date de durabilité minimale

ça va changer avec vous
sur cacommenceparmoi.org

J'ACHÈTE MES FRUITS ET LÉGUMES DE SAISON EN CIRCUITS COURTS

Les circuits courts ont le vent en poupe, Amap (Associations pour le maintien de l'agriculture paysanne) en tête, avec plus de 2 000 groupes et 250 000 membres sur tout le territoire qui soutiennent des pratiques responsables et écologiques.

→ Je rejoins une Amap
→ Je fais mes courses dans une boutique privilégiant les circuits courts
→ J'achète mes produits directement chez les producteurs de ma région

JE FAIS MES COURSES EN VRAC

Chaque année, des milliards de sacs en plastique sont encore distribués en France, contribuant aux 10 tonnes de plastique produites par seconde dans le monde. Un véritable drame quand on sait que 9 % seulement du plastique est recyclé sur la planète.

→ Je m'équipe de sacs en toile et de bocaux
→ Je fais mes courses avec un cabas
→ J'achète mes produits en vrac dans les boutiques zéro déchet et les magasins bio
→ Je privilégie les fruits et légumes au marché local sans emballage

JE FAIS ATTENTION AUX DATES DE PÉREMPTION

10 millions de tonnes d'aliments consommables partent chaque année à la poubelle en France. Un gâchis immense puisque les dates de péremption sont responsables, à elles seules, de 20 % du gaspillage alimentaire.

→ Je dis stop au gaspillage alimentaire
→ Je comprends la différence entre la date limite de consommation et la date de durabilité minimale
→ Je peux manger certains produits même quand la DDM est dépassée

JE PRIVILÉGIE UNE ALIMENTATION BIO

La nourriture bio est bonne pour la biodiversité et pour notre santé. Et ce n'est pas forcément plus cher si on adopte des habitudes flexitariennes. Alors, allons au-delà de l'ambition bio 2022 dont l'objectif est d'atteindre 15 % de surface agricole utile cultivée en France.

→ J'achète mes produits directement chez les producteurs bio locaux
→ Je fais mes courses dans les magasins bio
→ J'utilise une application comme Yuka pour vérifier que mon produit est bio

légumes

- betterave
- carotte
- céleri
- champignon de Paris
- chou
- chou de Bruxelles
- chou-fleur
- cresson
- endive
- épinard
- navet
- oignon
- panais
- poireau
- radis

fruits

- kiwi
- orange
- pamplemousse
- poire
- pomme

05 • mai

légumes

- artichaut
- asperge
- champignon de Paris
- concombre
- courgette
- cresson
- épinard
- laitue
- navet
- petit pois
- radis

fruits

- fraise
- pamplemousse
- rhubarbe

légumes

- asperge
- champignon de Paris
- cresson
- endive
- épinard
- fenouil
- navet
- oignon
- poireau
- radis

fruits

- pamplemousse
- pomme
- rhubarbe

06 • juin

légumes

- artichaut
- asperge
- aubergine
- blette
- champignon de Paris
- concombre
- courgette
- fenouil
- haricot vert
- laitue
- petit pois
- poivron
- radis
- tomate

fruits

- abricot
- cassis
- cerise
- fraise
- framboise
- groseille
- melon
- pamplemousse
- rhubarbe

yay • graphisme

ça va changer
avec vous sur
cacommenceparmoi.org

LES FRUITS & LÉGUMES DE SAISON

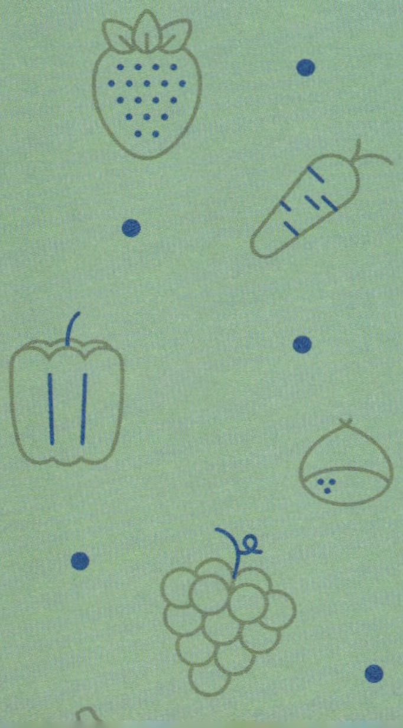

01 • janvier

légumes

- betterave
- carotte
- céleri
- champignon de Paris
- chou
- chou de Bruxelles
- chou-fleur
- courge
- cresson
- endive
- épinard
- mâche
- navet
- oignon
- panais
- poireau
- potiron
- salsifis
- topinambour

fruits

- citron
- clémentine
- kiwi
- mandarine
- orange
- poire
- pomme

02 • février

légumes

- betterave
- carotte
- céleri
- champignon de Paris
- chou
- chou de Bruxelles
- chou-fleur
- cresson
- endive
- épinard
- mâche
- navet
- oignon
- panais
- poireau
- salsifis
- topinambour

fruits

- citron
- clémentine
- kiwi
- mandarine
- orange
- pamplemousse
- poire
- pomme

03 • mars

04 • avril

BOÎTE À LIRE

Charte du bon usage

Fonctionnement

Le principe est très simple

→ **partager – échanger !**

↘ Empruntez librement et gratuitement un ouvrage de cette boîte pour aussi longtemps qu'il vous plaira.

↘ Rapportez-le ou gardez-le.

↘ Vos étagères sont trop remplies, vous avez aimé un ouvrage, alors déposez vos livres dans cette boîte, ils pourront intéresser quelqu'un.

➘ Pour une deuxième vie des livres, en libre-service, vous contribuerez à l'accès à la culture, à la lecture publique pour tous. Vous êtes responsable du contenu des livres que vous déposez et vous vous engagez à ne pas déposer des documents portant atteinte à la dignité des autres lecteurs.

➘ Cet espace est à la disposition de toutes et de tous 24h/24.

Règlement

→ j'aime lire ! ←

- On dépose un livre ou pas.
- On prend un livre qui nous intéresse.
- On lit le livre sur place ou on l'emporte.
- Les annotations dans les livres sont les bienvenues (date de lecture, commentaires, coup de cœur...).
- Merci de déposer cinq livres au maximum et de prendre soin des livres !

Bonne lecture

ça va changer avec vous
sur cacommenceparmoi.org

le shopping

la question

COMBIEN DE TONNES D'OBJETS D'OCCASION ONT ÉTÉ VENDUES EN 2017 PAR EMMAÜS ?

A → 100 tonnes d'objets
B → 5 000 tonnes d'objets
C → 100 000 tonnes d'objets

ça va changer avec vous
sur cacommenceparmoi.org

le shopping

la question

QUEL EST LE MONTANT DES IMPÔTS QUE PAYE STARBUCKS SUR SES BÉNÉFICES EN FRANCE ?

A → 0 € en 2018
B → 100 000 € en 2018
C → 10 000 000 d'€ en 2018

ça va changer avec vous
sur cacommenceparmoi.org

le shopping

la question

COMBIEN Y A-T-IL DE MONNAIES LOCALES COMPLÉMENTAIRES EN FRANCE ?

A → Une dizaine
B → Une quarantaine
C → Une centaine

ça va changer avec vous
sur cacommenceparmoi.org

le shopping

la question

COMBIEN D'OBJETS UTILISÉS MOINS DE 3 FOIS PAR AN CHAQUE FRANÇAIS POSSÈDE-T-IL ?

A → 7 objets
B → 18 objets
C → 34 objets

ça va changer avec vous
sur cacommenceparmoi.org

JE BOYCOTTE LES ENTREPRISES CLIMATICIDES

Chaque année, Coca-Cola produit 3 millions de tonnes de plastique. Starbucks ne paye toujours pas d'impôts en France. H&M a accumulé plus de 4 milliards de dollars d'invendus… Il est plus que jamais urgent de boycotter les entreprises climaticides.

→ Je repère les produits à éviter grâce à l'application Buy or Not
→ Je manifeste mon mécontentement envers les pratiques climaticides sur des plateformes comme *change.org* ou *i-boycott.org*

J'ACHETE DES PRODUITS D'OCCASION

Rien qu'en 2017, Emmaüs a remis sur le marché plus de 100 000 tonnes d'objets d'occasion (livres, mobilier, vêtements, petit et gros électroménager, etc.) redonnant ainsi une seconde vie à des millions de produits. Un geste bon pour la planète et pour le porte-monnaie.

→ J'achète des produits d'occasion chez Emmaüs, dans les ressourceries ou sur des sites Web comme Le Bon Esprit ou Label Emmaüs
→ J'offre une 2de vie à mes objets inutilisés en les donnant/revendant

JE PARTAGE DES OBJETS AVEC MES VOISINS

Dans un immeuble de 100 personnes on trouve 79 lave-linges, 6 vidéos-projecteurs et 9 yaourtières. Plus d'un achat sur deux pourrait être évité si l'objet pouvait être emprunté à proximité. D'autant que les Français disposent en moyenne de 34 objets qu'ils utilisent moins de 3 fois par an !

→ Je demande à mes voisins quand j'ai besoin d'un objet que je ne possède pas
→ Je mets en place une boîte à livres dans mon quartier

JE PAYE EN MONNAIE LOCALE COMPLÉMENTAIRE

La France compte aujourd'hui une quarantaine de monnaies locales destinées à encourager les circuits courts et à dynamiser les économies locales. Une excellente manière de se réapproprier le pouvoir de l'argent et de construire un monde plus juste et plus durable.

→ J'utilise la monnaie locale complémentaire de ma région pour mes achats
→ Je demande à mon patron de me verser une partie de mon salaire en monnaie locale complémentaire

le shopping

la question

COMBIEN DE PRODUITS VENDUS EN SUPERMARCHÉ SONT D'ORIGINE FRANÇAISE ?

A → Moins d'$^1/_3$
B → La moitié
C → Plus de $^2/_3$

ça va changer avec vous
sur cacommenceparmoi.org

le shopping

la question

COMBIEN DE BANQUES FRANÇAISES ONT UN IMPACT POSITIF SUR LA SOCIÉTÉ ?

A → Aucune
B → 2 banques
C → Toutes les banques

ça va changer avec vous
sur cacommenceparmoi.org

le shopping

la question

COMBIEN DE PERSONNES BÉNÉFICIENT DU COMMERCE ÉQUITABLE DANS LE MONDE ?

A → 10 millions
B → 100 millions
C → 500 millions

ça va changer avec vous
sur cacommenceparmoi.org

le shopping

la question

COMBIEN DE VÊTEMENTS SONT VENDUS CHAQUE ANNÉE DANS LE MONDE ?

A → 1 milliard
B → 10 milliards
C → 100 milliards

ça va changer avec vous
sur cacommenceparmoi.org

JE PLACE MON ARGENT DANS UNE BANQUE ÉTHIQUE

Selon Fair Finance France, seulement deux banques ont un impact positif et participent à créer le monde de demain en France : la Nef et le Crédit coopératif. Les grandes banques, elles, continuent à soutenir massivement les énergies fossiles.

→ Je découvre les pratiques des grandes banques sur le site *fairfinancefrance.org*
→ J'ouvre un compte courant au Crédit coopératif
→ J'ouvre un livret d'épargne à la Nef

JE PRIVILÉGIE LES OBJETS « MADE IN FRANCE »

En moyenne, moins d'un produit sur trois distribué en supermarché est fabriqué en France. Pourtant, $^{3}/_{4}$ des Français se disent prêts à payer plus cher pour acheter local afin de réduire leur empreinte écologique, de soutenir les producteurs et le savoir-faire des artisans.

→ Je découvre les marques « 100 % made in France » grâce au certificat Origine France Garantie
→ J'achète moins mais mieux en allant dans les boutiques des artisans locaux

JE DONNE MES VÊTEMENTS INUTILISÉS

En moyenne sur une année, chaque Français jette 12 kg de textiles à la poubelle et seulement $^{1}/_{4}$ de nos habits sont recyclés alors qu'à l'autre bout de la chaîne, 100 milliards de vêtements sont vendus chaque année dans le monde.

→ Je fais le tri dans mes placards
→ Je donne mes vêtements inutilisés aux associations comme Emmaüs, Le Relais, La Cravate solidaire ou dans les ressourceries

J'ACHÈTE DES PRODUITS DU COMMERCE ÉQUITABLE

Aujourd'hui, ce sont seulement 10 millions de personnes qui bénéficient du commerce équitable à travers le monde. Pendant ce temps, 800 millions de personnes vivent encore sous le seuil d'extrême pauvreté avec moins d'1,90 $ par jour.

→ J'apprends à repérer les bons labels avec Fair(e) un monde équitable
→ Je favorise les marques défendant le commerce équitable comme Artisans du monde ou Max Havelaar

les loisirs

la question

QUELLE EST LA PLACE DE LA FRANCE AU CLASSEMENT DES PAYS LES PLUS VISITÉS AU MONDE ?

A → 1re devant l'Espagne
B → 3e derrière les États-Unis
C → 10e derrière la Thaïlande

ça va changer avec vous
sur cacommenceparmoi.org

les loisirs

la question

COMBIEN DE LIVRES LES FRANÇAIS LISENT-ILS CHAQUE ANNÉE ?

A → 3 livres
B → 12 livres
C → 20 livres

ça va changer avec vous
sur cacommenceparmoi.org

les loisirs

la question

COMBIEN DE TONNES DE DÉCHETS SAUVAGES ONT ÉTÉ RECENSÉES EN FRANCE EN 2016 ?

A → 10 500 tonnes
(soit 1 tour Eiffel)
B → 31 500 tonnes
(soit 3 tours Eiffel)
C → 63 000 tonnes
(soit 6 tours Eiffel)

ça va changer avec vous
sur cacommenceparmoi.org

les loisirs

la question

QUELLE EST LA PART D'ÉMISSION DE GAZ À EFFET DE SERRE MONDIALE LIÉE AU TOURISME ?

A → 1 % des émissions de GES
B → 4 % des émissions de GES
C → 8 % des émissions de GES

ça va changer avec vous
sur cacommenceparmoi.org

JE DONNE UNE SECONDE VIE À MES LIVRES

Les Français sont de grands lecteurs avec 20 livres lus chaque année. Donnons une seconde vie à nos livres avec Emmaüs ou Recyclivre pour avoir un impact écoresponsable mais aussi solidaire grâce à la réinsertion de personnes éloignées de l'emploi !

→ Je dépose mes livres lus dans une boîte à livres
→ Pour les grandes quantités, je donne mes livres à Recyclivre ou aux ressourceries
→ Je partage mes livres préférés grâce au Bookcrossing

JE VOYAGE EN FRANCE PENDANT LES VACANCES

L'Hexagone est la première destination touristique au monde. Un pays magnifique qui est une excellente alternative quand on souhaite réduire l'empreinte écologique de ses déplacements pendant les vacances en privilégiant le vélo, le train ou encore la randonnée.

→ Je visite la France en train
→ Je pars en randonnée dans les montagnes françaises
→ Je découvre la France à vélo
→ Je choisis des vacances originales en louant une péniche ou un voilier

JE VOYAGE À LA RENCONTRE DE L'AUTRE

8 % des émissions mondiales de gaz à effet de serre sont dues au tourisme. Loin des dérives du tourisme de masse, il est possible de privilégier des solutions moins énergivores qui favorisent le lien et la sobriété plutôt que l'accumulation et le tout-confort.

→ Je pars en vacances chez l'habitant grâce au Couchsurfing
→ Je découvre les techniques agricoles du monde entier grâce au Wwoofing
→ Je m'engage plusieurs mois en partant en mission solidaire

JE RAMASSE LES DÉCHETS SAUVAGES

En 2016, 63 000 tonnes de déchets sauvages ont été recensées en France, l'équivalent de 6 tours Eiffel, qui se retrouvent *in fine* transportées dans les mers et les océans. 80 % des déchets marins ont ainsi une origine terrestre (le reste provient de l'industrie de la pêche ou encore des bateaux de croisière).

→ Je ramasse les déchets que je croise
→ Je participe à des collectes ponctuelles en groupe (Clean Walker, World Clean Up Day, Surfrider Foundation, etc.)
→ Je signale les décharges sauvages à ma commune

le bien-être

la question

COMBIEN DE BOÎTES DE MÉDICAMENTS SONT VENDUES EN FRANCE CHAQUE ANNÉE ?

A → 70 millions de boîtes
B → 600 millions de boîtes
C → 3 milliards de boîtes

ça va changer avec vous
sur cacommenceparmoi.org

le bien-être

la question

COMBIEN DE TEMPS LES FRANÇAIS PASSENT-IL CHAQUE JOUR DEVANT LA TÉLÉVISION ?

A → 1 h 15 par jour
B → 3 h 42 par jour
C → 5 h 36 par jour

ça va changer avec vous
sur cacommenceparmoi.org

le bien-être

la question

QUELLE EST L'ORIGINE CONNUE DE LA MÉDITATION ?

A → 2 000 avant J.-C. en Inde
B → 500 après J.-C. au Japon
C → 1970 après J.-C. aux États-Unis

ça va changer avec vous
sur cacommenceparmoi.org

le bien-être

la question

COMBIEN DE COUCHES JETABLES SONT JETÉES CHAQUE ANNÉE EN FRANCE ?

A → 100 millions
B → 4 milliards
C → 70 milliards

ça va changer avec vous
sur cacommenceparmoi.org

J'ÉTEINS MA TÉLÉVISION

3 h 42, c'est le temps passé en moyenne par les Français devant leur télévision chaque jour en 2017. Une pratique inquiétante trop souvent automatique et qui pourrait être avantageusement remplacée par de la lecture ou des jeux avec ses proches.

→ Je n'allume ma télévision que pour regarder des programmes identifiés à l'avance
→ Je réserve des soirées sans télé pour lire, faire des jeux de société ou sortir écouter de la musique

JE CONSOMME MOINS DE MÉDICAMENTS

3 milliards, c'est le nombre de boîtes de médicaments qui sont consommées en France chaque année. En parallèle, l'aromathérapie se développe et les ventes d'huiles essentielles explosent avec 8 millions de flacons vendus chaque année.

→ J'arrête de prendre des médicaments pour un oui ou pour un non
→ Je découvre des soins plus naturels
→ J'ai une alimentation équilibrée et une pratique physique régulière

J'UTILISE DES COUCHES LAVABLES POUR MON BÉBÉ

4 milliards de couches jetables sont utilisées chaque année en France. Et si les couches jetables engendrent 804 kg de déchets par enfant et par an, les couches jetables permettent de limiter ce chiffre à 284 kg. Une option écologique mais aussi économique.

→ J'utilise le moins possible des couches jetables et je privilégie les versions écologiques
→ J'investis dans un jeu de couches lavables que j'utilise régulièrement pour mon bébé

JE PRATIQUE LA MÉDITATION RÉGULIÈREMENT

L'art de la méditation nous vient de loin, et des fresques vieilles d'environ 4000 ans en font état dans des grottes indiennes. Aujourd'hui en plein boom, la méditation soulage la dépression et l'anxiété, favorise le lâcher-prise et permet d'être plus présent au monde.

→ Je découvre les différentes techniques de méditation et participe à des stages de découverte
→ Je pratique régulièrement la méditation, seul ou en groupe

FABRIQUER UN NICHOIR À ABEILLES SOLITAIRES

BZZ
ZZZ

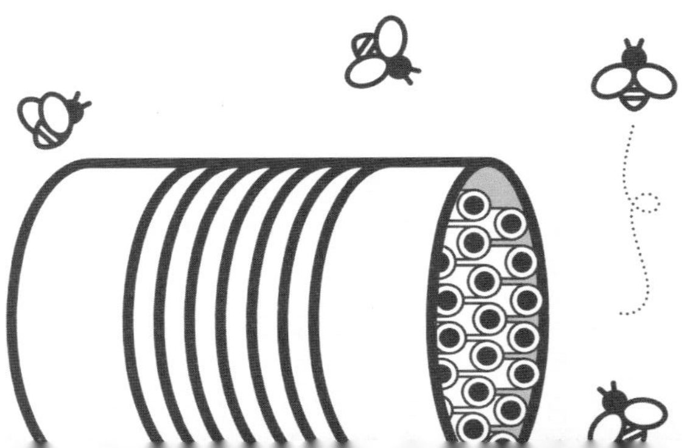

vous aurez besoin →

- d'une boîte de conserve
- de tiges de bambou

• de corde

durée 1 heure – niveau débutant

➘ Coupez une bonne trentaine de tiges creuses avec un sécateur de la longueur de la boîte de conserve à partir de plantes comme les ronces, le sureau noir, le bambou ou encore le roseau. Variez les diamètres – entre 2 et 12 millimètres – pour pouvoir accueillir un maximum d'espèces différentes, sachant qu'il en existe environ un millier en France. Veillez à laisser les nœuds, s'il y en a, à une extrémité du tronçon. Les tronçons doivent être légèrement plus petits que la hauteur de la boîte afin d'être protégés de la pluie.

➘ Placez-les tiges dans la boîte de conserve en les ajustant à l'intérieur pour qu'elles tiennent les unes serrées contre les autres. À l'extérieur, à l'aide de colle bio, entourez la boîte de conserve avec de la cordelette pour lui donner un peu plus de classe.

➘ Enfin, placez le nichoir à 30 cm du sol au minimum (ne pas dépasser 3 mètres de hauteur), au soleil, orienté au sud, à l'abri des intempéries, et de préférence près d'une zone fleurie.

➘ Les abeilles solitaires ne tarderont pas à venir y déposer leurs larves qui en fermant le tube avec de la terre, qui avec de l'herbe mâchée, des pétales de fleurs, des morceaux de foin, etc.

FABRIQUER SA TABLE DE CHEVET EN CARTON

Ce meuble en carton est simple à concevoir et à monter. Vous aurez besoin d'une demi-journée. Les découpes sont droites et la structure est un simple entrecroisement de bandes de carton.

vous aurez besoin ↓

Outils

- Cuter
- Règle en métal
- Gants
- Crayon de papier
- Carton d'emballage simple cannelure
- Colle à papier peint
- Kraft gommé ou scotch de masquage
- Un peu de papier peint, de papier kraft ou des journaux pour la déco.

Fabrication du volume

1 → Coupez au cutter les éléments du plan.

2 → Assemblez le dos, les côtés, et le plateau du meuble.

3 → Utilisez des morceaux de kraft gommé humidifiés – du scotch de masquage peut aussi faire l'affaire. Découpez au préalable chaque bande de kraft gommé à la même taille que les arêtes.

Réalisation de la structure

4 → Découpez 12 bandes de carton de 4,5 cm de largeur et de 29 cm de hauteur. Répartissez des encoches régulièrement. Entrecroisez les bandes pour former la première épaisseur de croisillons.

5 → Placez ce renfort à l'intérieur du meuble. Entrecroisez les 4 découpes en forme de façade par le haut tous les 10 cm pour remplir tout le volume. Collez le dos du meuble d'un côté et, de l'autre, en surface, la dernière façade pour terminer la forme complète du meuble.

6 → Ensuite, formez la niche du chevet en commençant par placer le fond. Fixez en dernier la façade de la table. Placez en dessous du meuble un morceau de carton de 21 x 29 cm. Vous pouvez remplir les pieds de rouleaux de papier toilette pour les renforcer.

7 → Le meuble est presque terminé, vous n'avez plus qu'à le décorer avec du papier peint, du papier journal ou du papier kraft selon votre goût. Encollez chaque morceau comme vous le feriez avec du papier peint et laissez sécher.

la question

la technologie

COMBIEN DE RECHERCHES SONT FAITES CHAQUE MOIS SUR GOOGLE ?

A → 7 milliards de requêtes
B → 60 milliards de requêtes
C → 100 milliards de requêtes

ça va changer avec vous
sur cacommenceparmoi.org

la question

la technologie

COMBIEN Y A-T-IL DE REPAIR CAFÉS EN FRANCE ?

A → 10 Repair Cafés
B → 70 Repair Cafés
C → 150 Repair Cafés

ça va changer avec vous
sur cacommenceparmoi.org

la question

la technologie

SI INTERNET ÉTAIT UN PAYS, QUEL SERAIT SON CLASSEMENT EN CONSOMMATION D'ÉLECTRICITÉ ?

A → 3e derrière les États-Unis
B → 11e derrière la France
C → 40e derrière l'Autriche

ça va changer avec vous
sur cacommenceparmoi.org

la question

la technologie

QUELLE EST LA FRÉQUENCE À LAQUELLE LES FRANÇAIS CHANGENT DE SMARTPHONE ?

A → Tous les 13 mois
B → Tous les 22 mois
C → Tous les 31 mois

ça va changer avec vous
sur cacommenceparmoi.org

JE RÉPARE MES OBJETS CASSÉS

En moyenne, le poids total des objets accumulés est de 2,5 tonnes par foyer, soit l'équivalent en émission de CO_2 de 6 A/R Paris-New York en avion. À nous de rallonger la durée de vie de nos objets en les réparant. En France, il existe plus de 150 Repair Cafés pour nous y aider.

→ Je répare moi-même mes objets cassés grâce à des tutoriels sur les sites *iFixit.com* ou *SoSAV.fr*
→ Je vais dans un Repair Café
→ Je fais appel à un spécialiste pour les pannes trop complexes

J'UTILISE UN MOTEUR DE RECHERCHE ÉCOLOGIQUE

Google accumule les scandales d'évasion fiscale et de sécurité, pourtant, avec 100 milliards de requêtes chaque mois, le moteur de recherche est le plus utilisé au monde. Il est temps d'adopter des alternatives vertueuses pour l'environnement et notre vie privée.

→ Je prends conscience de l'impact écologique désastreux de nos pratiques digitales
→ J'installe un moteur de recherche écosolidaire comme Lilo ou Ecosia sur mon ordinateur et mon smartphone

J'ACHÈTE DES PRODUITS HIGH-TECH RECONDITIONNÉS

10 % des smartphones vendus en France sont achetés d'occasion. Un chiffre encore trop faible d'autant qu'un Français change de téléphone tous les 22 mois en moyenne et que le fait d'acheter un nouveau smartphone consomme plus d'énergie que son utilisation pendant dix ans.

→ Je prends soin de mes objets high-tech le plus longtemps possible
→ Je fais mes achats sur des plateformes comme *backmarket.fr* ou *Envie.org*

JE NETTOIE MA BOÎTE MAIL RÉGULIÈREMENT

Si Internet était un pays, ce serait le 3e consommateur d'électricité au monde. Chaque heure, 12 milliards d'e-mails sont envoyés, dont 90 % de spams. L'envoi d'un e-mail avec une pièce jointe consomme autant qu'une ampoule allumée pendant 24 heures.

→ Je me désabonne des spams
→ Je fais le tri dans ma boîte mail et supprime les courriels inutiles
→ Je vide ma corbeille régulièrement
→ Je limite mes envois d'e-mails et réduis la taille des pièces jointes

les transports

la question

COMBIEN DE FRANÇAIS PRENNENT LE VÉLO POUR LES TRAJETS DU QUOTIDIEN ?

A → 1 % des Français
B → 4 % des Français
C → 10 % des Français

ça va changer avec vous
sur cacommenceparmoi.org

les transports

la question

QUELLE EST LA PLACE DES TRANSPORTS DANS LE BILAN CARBONE FRANÇAIS ?

A → 1er avec 29 % des émissions
B → 2e avec 20 % des émissions
C → 5e avec 11 % des émissions

ça va changer avec vous
sur cacommenceparmoi.org

les transports

la question

COMBIEN UN SALARIÉ PEUT-IL ÉCONOMISER EN COVOITURANT AVEC UN COLLÈGUE SUR UN TRAJET DE 30 KM ?

A → 100 € par an
B → 1 000 € par an
C → 2 000 € par an

ça va changer avec vous
sur cacommenceparmoi.org

les transports

la question

QUELLE EST LA PART DES VÉHICULES PARTICULIERS DANS LES ÉMISSIONS DE CO_2 DU TRANSPORT ?

A → 10 % du total des émissions
B → 30 % du total des émissions
C → 50 % du total des émissions

ça va changer avec vous
sur cacommenceparmoi.org

JE PRÉFÈRE LE TRAIN À L'AVION DÈS QUE POSSIBLE

Les transports sont le secteur qui émet le plus de CO_2 avec 29 % des émissions totales en France. Une heure en avion est 13 fois plus émettrice de gaz à effet de serre qu'une heure en voiture et plus de 1 500 fois plus polluante qu'une heure dans un TGV.

→ Je comprends l'empreinte CO_2 catastrophique des trajets en avion
→ Je prends le temps de me déplacer en train pour les trajets français et européens
→ Je prends l'avion si je reste sur place pendant une longue durée

JE PRIVILÉGIE LE VÉLO POUR LES TRAJETS COURTS

Aujourd'hui, moins de 4 % des Français utilisent le vélo pour leurs déplacements du quotidien. Et pourtant, c'est le moyen de transport idéal sur les courtes distances. Économique, écologique, rapide et bon pour la santé, le vélo est l'un des atouts n°1 du monde de demain.

→ J'optimise mes déplacements à vélo grâce à l'application Géovélo
→ J'achète un vélo d'occasion grâce à des associations comme Emmaüs
→ Je m'équipe pour assurer ma sécurité lors de mes déplacements

J'ADOPTE LES GESTES DE L'ÉCOCONDUITE

En France, 8 déplacements sur 10 se font en voiture. La moitié des émissions de CO_2 liées aux transports sont dues aux véhicules particuliers. 10 km/h en moins, avec une conduite souple et un véhicule bien entretenu, permettent une réduction de 12,5 % d'émissions de CO_2.

→ Je gonfle les pneus à la bonne pression
→ J'entretiens mon véhicule régulièrement
→ Je roule à 110 km/h sur l'autoroute
→ Je ne transporte pas inutilement des choses lourdes dans le coffre

JE ME DÉPLACE GRÂCE AU COVOITURAGE

Un salarié qui fait du covoiturage avec un collègue sur un trajet quotidien de 30 km peut économiser 2 000 € par an. Une solution aussi intéressante au niveau écologique quand on sait que les véhicules sur le trajet domicile-travail sont remplis par 1,06 personne en moyenne.

→ Je rentabilise mes déplacements en voiture en ayant d'autres passagers
→ Je favorise le covoiturage libre et coopératif avec Mobicoop

les transports

la question

À QUOI CORRESPONDENT LES ÉMISSIONS DE CO_2 D'UN A/R PARIS-NEW YORK EN AVION ?

A → 1 tonne de CO_2 (1 an de chauffage pour un petit foyer)
B → 2 tonnes de CO_2 (28 000 km en ville avec une citadine)
C → 5 tonnes de CO_2 (les émissions d'un Argentin en 1 an)

ça va changer avec vous
sur cacommenceparmoi.org

les transports

la question

QUELLE EST LA PROPORTION DE TEMPS QU'UNE VOITURE PASSE EN STATIONNEMENT ?

A → 35 % du temps
B → 60 % du temps
C → 95 % du temps

ça va changer avec vous
sur cacommenceparmoi.org

les transports

la question

QUELLE EST LA PROPORTION DE SALARIÉS QUI SE RENDENT À LEUR TRAVAIL EN VOITURE ?

A → 51 % des salariés
B → 74 % des salariés
C → 92 % des salariés

ça va changer avec vous
sur cacommenceparmoi.org

les transports

la question

COMBIEN DE VILLES FRANÇAISES PROPOSENT LES TRANSPORTS EN COMMUN GRATUITS ?

A → Une douzaine
B → Une trentaine
C → Une centaine

ça va changer avec vous
sur cacommenceparmoi.org

J'UTILISE DES VÉHICULES PARTAGÉS

La voiture reste le mode de transport individuel le plus cher. En moyenne, une voiture coûte plus de 5 000 € par an (l'équivalent d'un dixième du budget des ménages) alors qu'elle reste plus de 95 % du temps en stationnement.

→ Je me déplace en voiture partagée grâce à des réseaux comme Citiz, Drivy ou Ubeeqo
→ Je prends un abonnement pour le vélo ou le scooter dans les villes

JE COMPENSE L'EMPREINTE CARBONE DE MES TRAJETS

Un aller-retour Paris-New York émet près d'une tonne de CO_2 par passager, soit l'équivalent des émissions d'un Français liées au chauffage à l'année. Si réduire drastiquement le nombre d'heures de vol est primordial, on peut aussi compenser son empreinte.

→ Je me rends compte de l'impact écologique catastrophique de mes déplacements
→ J'investis dans des projets écosolidaires grâce à la Fondation Goodplanet pour compenser mes déplacements

JE MILITE POUR LA GRATUITÉ DES TRANSPORTS EN VILLE

Zéro euro, c'est le prix que payent les habitants de Dunkerque pour utiliser les transports en commun mis à disposition par la ville. Une tendance suivie par une trentaine de villes en France comme Castres, Châteauroux, Gap, Compiègne ou encore Niort.

→ Je crée un groupe de soutien pour porter ce sujet sur le long terme
→ Je contacte les décideurs de ma ville pour initier la gratuité des transports collectifs

JE PRENDS LES TRANSPORTS EN COMMUN

En France, 74 % des salariés se rendent à leur travail en voiture. Pourtant les transports collectifs émettent bien moins de CO_2 par personne transportée : un usager du métro consomme 14 fois moins d'énergie et un passager de bus émet 35 % de CO_2 en moins.

→ Je change mes habitudes pour aller au travail avec les transports en commun
→ Quand j'ai le choix, je déménage pour me rapprocher de mon lieu de travail

le travail

la question

COMBIEN DE TONNES DE MOBILIER DE BUREAU SONT JETÉES CHAQUE ANNÉE EN FRANCE ?

A → 25 000 tonnes
B → 250 000 tonnes
C → 2 500 000 tonnes

ça va changer avec vous
sur cacommenceparmoi.org

le travail

la question

QUELLE QUANTITÉ DE CO_2 POURRAIT ÉCONOMISER UN SALARIÉ AVEC 2 JOURS DE TÉLÉTRAVAIL PAR SEMAINE ?

A → 100 kg de CO_2 par an
B → 800 kg de CO_2 par an
C → 1,6 tonnes de CO_2 par an

ça va changer avec vous
sur cacommenceparmoi.org

le travail

la question

QUELLE QUANTITÉ DE DÉCHETS PAPIER PRODUIT UN SALARIÉ AU BUREAU CHAQUE ANNÉE ?

A →10 kg de papier
B → 70 kg de papier
C → 150 kg de papier

ça va changer avec vous
sur cacommenceparmoi.org

le travail

la question

QUEL MONTANT LA COURSE DES HÉROS A-T-ELLE PERMIS DE RÉCOLTER EN 10 ÉDITIONS ?

A → 1 million d'euros
B → 5 millions d'euros
C → 15 millions d'euros

ça va changer avec vous
sur cacommenceparmoi.org

JE FAIS DU TÉLÉTRAVAIL RÉGULIÈREMENT

En France, un employé parcourt, sur le trajet domicile-travail, en moyenne 26 km par jour. Or, si les salariés ne travaillaient ne serait-ce que 2 jours par semaine à leur domicile, cela induirait un gain direct de plus de 800 kg de CO_2 par personne et par an.

→ Je travaille de chez moi dès que possible
→ Je présente les bienfaits écologiques du télétravail à mon manager
→ Je propose à mon entreprise de favoriser le télétravail pour tous les salariés

JE M'ÉQUIPE DE MOBILIER RECONDITIONNÉ

Chaque année, les entreprises françaises achètent pour 1 milliard d'euros en mobilier neuf et jettent 250 000 tonnes de mobilier sans que celui-ci soit pour autant hors d'usage.

→ Je fais durer mon mobilier le plus longtemps possible et je donne celui que je n'utilise plus
→ Je m'équipe sur des plateformes comme Co-Recyclage pro, Adopte un bureau ou Tricycle Office

JE COURS POUR UNE ASSOCIATION

Chaque année, plusieurs dizaines de milliers de salariés dans toute la France mouillent le maillot pour la bonne cause en participant à une course solidaire. En 10 éditions, la Course des héros a permis de collecter 15 millions d'euros pour les associations.

→ Je constitue un groupe de coureurs dans mon entreprise
→ Je soumets le projet à mes dirigeants pour inscrire l'entreprise à la course solidaire
→ Je récolte des fonds pour le jour J

J'ACHÈTE DES FOURNITURES DE BUREAU ÉCOLOGIQUES

En France, chaque employé de bureau consomme environ 70 kg de papier par an. Au total, le bilan est plus que préoccupant quand on sait que 2,4 millions de tonnes de déchets sont produites au travail chaque année.

→ Je limite les déchets en imprimant en R/V et en réutilisant les brouillons
→ J'investis dans des fournitures écologiques
→ J'organise la collecte des déchets pour le tri et la revalorisation

la question

la société

COMBIEN DE FRANÇAIS SONT BÉNÉVOLES DANS UNE ASSOCIATION ?

A → 3 millions
B → 7 millions
C → 13 millions

ça va changer avec vous
sur cacommenceparmoi.org

la question

la société

COMBIEN DE STATIONS DU MÉTRO PARISIEN SONT ÉQUIPÉES POUR LES PERSONNES À MOBILITÉ RÉDUITE ?

A → 9 sur 303
B → 67 sur 303
C → 135 sur 303

ça va changer avec vous
sur cacommenceparmoi.org

la question

la société

À PARTIR DE COMBIEN D'HABITANTS LES CONSEILS DE QUARTIER SONT-ILS OBLIGATOIRES ?

A → Au-delà de 10 000 habitants
B → Au-delà de 40 000 habitants
C → Au-delà de 80 000 habitants

ça va changer avec vous
sur cacommenceparmoi.org

la question

la société

QUEL EST LE JOUR CHOISI PAR GRETA THUNBERG POUR FAIRE LA GRÈVE POUR LE CLIMAT ?

A → Le lundi
B → Le vendredi
C → Le dimanche

ça va changer avec vous
sur cacommenceparmoi.org

JE PRENDS DES MESURES POUR L'ACCESSIBILITÉ

12 millions de personnes sont touchées par un handicap en France. Pourtant, le déplacement n'est pas facile pour tous. Dans le métro parisien, par exemple, seulement 9 stations sont équipées pour les personnes à mobilité réduite sur 303 au total.

→ Je favorise l'accessibilité en France en alimentant le guide Jaccede grâce à l'application du même nom
→ Je milite pour l'accessibilité à l'espace public pour tous auprès des décideurs politiques

JE FAIS DU BÉNÉVOLAT DANS UNE ASSOCIATION

13 millions de Français sont bénévoles dans une des 1,3 million d'associations actives. Un engagement solidaire, citoyen et pourquoi pas écologique qui participe tous les jours à l'accélération de la transition dans notre pays.

→ Je fais des missions de bénévolat courtes grâce à des plateformes comme Benenova ou encore Diffuz
→ Je participe aux maraudes de rue de la Croix-Rouge ou du Secours catholique

JE ME MOBILISE POUR LE CLIMAT

Comme Greta Thunberg qui fait la grève tous les vendredis, des centaines de milliers de personnes dans le monde entier manifestent pour le climat. D'autres durcissent le ton et bloquent des points stratégiques pour que l'État et les entreprises prennent conscience de l'urgence.

→ Je marche pour le climat et rejoins le mouvement Il est encore temps
→ Je rejoins les groupes de désobéissance civile comme ANV COP 21, Alternatiba ou Extinction Rebellion

JE PARTICIPE AUX DÉCISIONS DE MA VILLE

Obligatoires pour les villes de plus de 80 000 habitants depuis la loi du 27 février 2002 (et facultatifs pour les villes de plus petite taille), les conseils de quartier peuvent être consultés par le maire et faire des propositions sur toute question concernant le quartier ou la ville.

→ Je participe et je vote au budget participatif de ma ville s'il existe
→ J'assiste au conseil municipal de ma ville
→ J'envoie une lettre à mon maire pour lui faire part de l'urgence écologique

L'imperfection
ne peut
plus légitimer
l'inaction

Changeons
le système,
pas le
climat

yay • graphisme
ça va changer avec vous sur cacommenceparmoi.org

Remettons
le vivant
au cœur
de tout

Nous ne
défendons pas
la nature,
nous sommes
la nature qui
se défend

yay • graphisme
ça va changer avec vous sur cacommenceparmoi.org

Changer
son monde,
c'est changer
LE monde

Faisons de
notre quête
de bonheur
la priorité

yay • graphisme
ça va changer avec vous sur cacommenceparmoi.org

yay • graphisme
ça va changer avec vous sur cacommenceparmoi.org